JN411483

문화 마이더스 탁인석의 세평에세이 • 2

별빛 찾아가는 낙타들

시와사람

별빛 찾아가는 낙타들 • 2

2023년 11월 12일 인쇄
2023년 11월 18일 발행

지은이 | 탁 인 석
펴낸이 | 강 경 호
편 집 | 강 나 루
디자인 | 박 지 원
발행처 | 도서출판 시와사람
등 록 | 1994년 6월 10일 제 05-01-0155호
주 소 | 광주시 동구 양림로119번길 21-1(학동)
전 화 | (062)224-5319
E-mail | jcapoet@hanmail. net

ISBN 978-89-5665-703-5 03810

· 잘못된 책은 구입하신 서점에서 바꾸어 드립니다.
· 이 책은 2023년도 광주문화재단 지역문화예술육성 지원사업의 지원으로 발간되었습니다.
· 값은 표지에 있습니다.

이 도서의 국립중앙도서관 출판예정도서목록(CIP)은
서지정보유통지원시스템 홈페이지(http://seoji.nl.go.kr)와
국가자료종합목록 구축시스템(http://kolis-net.nl.go.kr)에서
이용하실 수 있습니다.

별빛 찾아가는 낙타들

■작가의 말

‘인생은 짧고 약속은 못 지키고’

나의 세 번째 수필집을 내면서 솔로몬王의 최후의 말이 자꾸 떠올랐다. 솔로몬왕은 3천 년 전 이스라엘 영토를 가장 많이 넓혔고 지혜의 아이콘으로 각인된 인물이다. 그러한 그도 최후에는 구약성경 코헬렛 전도서에 다음과 같은 말을 남긴다. “헛되고 헛되며 헛되고 헛돼서 모든 것이 헛되도다.” 익히 알려진 솔로몬왕은 1000여 명의 여자를 거느리고 40년간 절대권력을 휘둘렀고 물처럼 땅처럼 많은 재물을 소유했다. 책 속에 파묻혀 지내면서도 인생을 잘 향유하기로도 유명하다.

그런 그가 왜 ‘인생이 헛되도다.’라고 했을까. 그가 남긴 큰 깨달음은 모든 사람은 언젠가는 죽게 되고 죽으면 아무것도 소용이 없다는 것을 크게 눈치

챘기 때문이다. 일평생 쌓은 부와 권력은 다른 사람에게 넘어갈 수밖에 없고 언젠가는 죽는다는 숙명을 늘 기억하자는 것으로 풀이된다. 또한 자기 인생조차 어찌할 수 없는 것을 인정하고 겸허하자는 뜻이기도 하다. 언제 어떻게 될지 모르니 생명이 있는 동안은 '기뻐하고 즐기자'는 지혜의 말씀을 최후로 남긴 것이다. 나 또한 솔로몬왕의 '헛되도다'라는 말이 이해가 되는 나이가 되었을까. 허무감이 밀물져오는 이 나이에 살아있는 기쁨을 무엇으로 담보할까 바로 글쓰기다.

문학성을 지킨 글쓰기는 장엄하다고 해야 할까. 글쓰기는 한마디로 인간탐구를 하는 작업으로 요약할 수 있지만 정작 장르 선택에 있어서는 답이 없다. 호머의 「일리아스와 오디세이」를 섭렵하고 베르길리우스의 「아이아네스」를 읽었다 하여 나의 글쓰기는 그에 미칠 수도 없다. 내 방식의 글쓰기를 택할 수밖에 없다. 시나 문학이 모든 예술장르에 미치는 영향과 사회적으로 세상을 밝히고 예언한다고 할 때 나 자신의 역할에 숙연해질 때가 있다. 나는 내 나름의 역사인식, 사회인식, 문화인식을 다듬으려 노력했고 그 인식을 바탕으로 글쓰기를 했다. 그러다 보니 작품 하나하나가 사막의 낙타들이 별빛 찾아가는 미션으로 귀결되었다. 캄캄한 사막의 밤에 낙타들이 저마다 '인식'의 짐을 싣고 비록 헛되기는 하더라도 죽기 전에 도달해야 할 오아시스를 향해 한 발 한 발 가고 있는 게 인생이 아닐까. 오아시스를 찾아가는 낙타의 이정표는 오직 별빛밖에 없기 때문이다. 사람은 태어나서 그래도 자식을 남기고 나무를 남기고 책을 남겨야 '사람다움'이라는 생각으로 다시 정리가 되었다.

그래! 인생은 짧고 약속은 못 지키고 그러니 별빛 쫓는 낙타처럼 무한정 걸을 수밖에.

쌍촌동 陽雨堂에서

탁인석 삼가

별빛 찾아가는 낙타들

차 례

차 례

2부_ 한반도의 첫 수도는 마한이었다

별빛 찾아가는 낙타들

차 례

3부_ 어느 토요일 오후의 다큐

차 례

4부_ 홍익인간으로 가는 길이 어려운가

별빛 찾아가는 낙타들

차 례

부록_ 나의 문학 나의 인생

1

아, 호남의병들이시여

광주에는 '서호'가 있다

'서호'는 서구에 있는 운천 호수의 애칭

'광주는 볼 것이 없다'라는 말을 흔히 듣는다. 문화단체나 언론에서 '볼 것'을 계속 논의는 하나 지금까지 대박 난 성과가 없다. 문화 자원은 풍부한데 '선택과 집중'이 잘못된 결과이다. 지금 서둘러도 늦지 않았으니 보다 분명한 주제에 집중할 것을 제안하는 바이다.

문학인들이 합심하여 펼치는 '西湖' 가꾸기 운동도 하나의 예가 될 수 있다. 광주의 '서호'는 서구에 있는 운천 호수의 애칭이다. 이곳을 문학인들이 중심이 되어 시민과 관광객의 볼거리 명소로 바꾸어가고 있다. 광주를 찾는 중국 사람들에게 운천 호수를 '서호'로 소개하면 중국의 '서호'를 연상하며 반가운 미소를 절로 짓는다. 민간차원에서 펼친 문화운동이 이 같은 가시적인 성과를 내고 있는 것이다. 운천지 '서호'는 광주의 맑은 눈동자이다. 도시 빌딩 사이에 자리 잡은 서호는 빌딩과 물과 숲이 앙상블을 이루는 보기 드문 명소의 조건을 갖추고 있다. 사계절의 변화 모습을 마치 한 폭의 산수화처럼 보여주기도 한다. 금년 4월과 5월, 이곳에서 두 달에 걸쳐 500여 편의 시화를 전시하여 매스컴의 주목을 받았다. 시민들도 코로나의 사회적 거리두기를 적절히 지키면서 질서 있게 다녀갔다. 아름다운 시화와 오색 분수를 뿜어내는 야경은 벚꽃 필 무렵부터 연꽃 개화기까지 환상의 또 다른 세계를 보여준다.

우리의 관심은 광주문학관에 있다. 현재 광주문학관의 장소가 정해지고 그에 맞춰 설계를 공모 중이라고 한다. 그러나 장소를 정하는 문제는 재고에 재고를 거듭해야할 중대한 일이 아닐 수 없다. 여기에서 명심할 것, 조금 늦더라도 지어놓고 후회 없는 문학관을 목표해야 한다. 접근성은 대단히 중요한 문화관광의 첫 번째 요소이다. 필자는 서호 옆에 정말 멋드러진 디자인으로 호수와 어울리는 문학관이 들어서서 광주관광의 1번지가 되었으면 하는 바람이다.

그 일을 위해서 일차적으로 광주문인협회 차원에서 장소문제에 따른 의견을 수렴하려 한다. 한번 짓기도 이리 어려운 문학관을 혹여 접근성이 떨어지는 잘못된 장소에 건립한다면 두고두고 심각한 문제가 될 수밖에 없다. 주변에서 좋지 못한 장소 선정으로 실패한 문화공간을 우리는 여럿 보고 있다. 멀리 갈 것도 없이 곡성의 도립미술관에 사람들이 찾지 않는 것을 들 수 있다. 나주의 임백호 문학관에 사람이 없다. 진도의 진도 국립국악관에 발길이 없다. 볼 것이 없는 콘텐츠도 문제지만 접근성이 어려운 것이 근본적인 문제이다. 예산 들어 지을 때만 요란하고 사람들이 찾지 않는 것이다. 성공사례는 많다.

특히 전주의 한옥마을과 최명희 문학관이 대표적인 사례이다. 도심 속의 한옥 군락이 관광자원이 되리라고 처음부터 확신한 것은 아니었을 것이다. 1910년부터 이곳에서 주거문화가 더욱 발달하고 근래에 와서 선택과 집중으로 도심 속 한가운데 명소로 개발하여 연간 1천만 명 이상이 찾는 거대한 관광 자원이 되었다. 비빔밥이 살고 전주 막걸리가 유명해지고, 경기전과 전동성당과 최명희 문학관이 덩달아 가볼 곳으로 뜨고 있다.

여기서 광주의 서호에도 성공한 문학관과 컨텐츠를 생산하는 문화발전소가 만들어지기를 기대해보자. 서호에서 장예모 감독이 연출했듯이 수면 위로 신비한 영상시화전이 펼쳐지는 것 또한 상상해보라 또 하나의 가상 문학관이 그 곳에 펼쳐지는 것을. 영상적 현실세계는 시뮬레이션 문화가 중심이 되는 세계다. 사이버 커뮤니케이션 분야의 세계적 권위자인 셰리 터클은 물리적 실재를 가상으로 구성하는 시뮬레이션 문화가 우리의 정신과 몸, 기계에 대한 기존 관념을 어떻게 바꾸는지를 여러 연구를 통해 설명하면서 사이버 세계의 새로운 '나'에 대한 성찰을 강조했다. 그는 우리사회는 "실제 세계와 사이버 세계의 경계선에 놓여 있는 자아가 조금씩 사이버 세계로 삶의 중심을 옮겨 가고 있다"고 말한다. '이 세상에서 가장 무서운 것은 상상하는 것'이라는 메시지를 기억해보자. 서호 문학공원과 문학관, 호수에서 펼쳐지는 영상 무대, 첨단 기술과 예술이 만나면 문화는 분명 희망이다.

지금 서구에 있는 운천저수지는 시화전으로 장관이다. 이 운천저수지에서 열리고 있는 시화전은 '서호 시화전'이라 부르는데 4회째를 맞이하고 있다. 무려 500여 점이 벚꽃과 어울려 펼쳐지니 시화전의 규모로는 기록갱신이고 해를 거듭하여 광주의 문화 볼거리로 자리매김하고 있다. 60여 일간 전시되니 벚꽃이 피면서 시작하여 연꽃이 필 무렵 끝난다. 운천저수지를 왜 서호라 했을까? 그 연유는 이렇다.

광주의 중심이랄 수 있는 서구는 여러 가지 면에서 광주의 으뜸이다. 체육시설이 광주에서 1등이다. 여기 서구에는 두 개의 호수가 시민의 사랑을 듬뿍 받으며 생활 속에 살아있다. 보는 것만으로도 아름다

울뿐더러 호숫가를 워킹하는 코스가 일품이다. 그 옛날 농업용수 정도였던 저수지가 조경과 길이 잘 닦여져서 호수로 변모하여 현대화 되어가는 광주의 중심 서구의 사랑을 받고 있다. 도심 속에 자칫 메마를 수 있는 시민의 정서에 물기를 촉촉이 적셔주고 있다. 자연은 그대로 두어도 좋지만 다듬어서 더 좋은 경우가 운천저수지, 풍암저수지이다. 보면 볼수록 사랑스럽다.

그 중에서 운천저수지가 빌딩숲 속에 있어서 그 가치가 더욱 빛난다. 빌딩 사이에 잔디공간만 있어도 좋게 보이는데 호수가 그 공간에 있으니 오다가다 보면 짜임새가 있는 모습이 딱 제대로이다. 그런데 우리는 문화의 변화에 무심하다. 시대는 변했고 도시화되고 디지털화 된 세상에 살고 있는데 옛적 농경시대 용도로 불렀던 '저수지' 이름을 그대로 쓰고 있는 게 마음에 걸리는데도 그대로 무심코 쓰고 있다. 생각의 전환도 문화운동의 큰 역할이다.

2010년 겨울이었다. 강원구 한중문화교류회중앙

회 회장과 겨울 운천저수지를 거닐면서 우연히 툭 튀어나온 착상이 '西湖'이다. 강회장의 서호 명명 제안은 바로 나에게 필이 꽂혔다. 우연이 아니라 깊은 내공에서 나온 우연이었다. 서호는 서구에 있는 호수이니까 당연히 서호로 불리어야 함은 말할 것이 없는 명분이다. 도시에서 저수지보다는 호수라는 이름이 훨씬 좋겠다는 응수를 했다. 그러고서 서호 명명추진위원회가 결성되고 필자가 대표를 맡았다. '서호명명 세미나'를 개최하여 강원구 수필가와 강만 시인이 발제를 하고 토론을 하였다. 바로 김종 시인이 '애첩같은 이름 하나 올리노라-운천호에서 서호를 낚다.'라는 시의적절한 명시를 짓고, 낭송되었다.

누구는 풀섶에 숨는 붕어가 되고 / 누구는 폭포 오르는 잉어가 되는 세상 / 운천호 예쁜 볼에 이름 하나 올리노라 / 하늘에 용 오르라고 이름 하나 올리노라 / 중국 항주 덮어 누를 이름 하나 올리노라 / 애첩같은 명패 하나 西湖를 올리노라 광주 서구의 '서호'는 절강성 항주에 위치하여 유구한 역사를 자랑하는 중국의 호수 '西湖'를 연상케도 한다. 우리나라 지명 중에 중국 지명과 중복되는 지명도 많지만 서호는 중복이라기보다 '서구의 중심 호수'의 준말로 우선 받아들여진다. 도시 속의 '운천저수지'보다는 '서호'가 아름답게 들리고 낭만스럽고, 시적이고, 정겹고, 쉽다. 그 곳에 가면 좋은 일이 있을 것 같고, 맛있는 먹거리가 있을 것 같은 어감이다. 서호라는 애칭으로 불러주는 사람이 많아질수록 운천저수지가 사라지는 것이 아니라 그 품격과 역사가 한껏 업그레이드된다. 서호라고 불러주는 시민이 늘어갈수록 운천저수지에 동반 투자가 될 것이다. 그러면서 서호에 의미를 하나씩 부여하게 될 것이다.

4회를 맞이하는 시화전은 벚꽃명소와 함께 전통행사로 굳어지고 있다. 금년은 특히 광주문협이 주관하여 그 격과 범위가 달라졌다. 그러나 2020년 봄은 다르다. 코로나 전염병이 확산되는 상황에서 어느 한

부분 편안한 곳이 없다. 부자유와 격리, 사회적 거리두기에서 우리 모두 엄중하고 심각한 위기를 느끼지 않을 수 없다. 제2차 세계대전 때 일본 땅에 원자탄이 떨어진 도시는 잿빛 땅이 되어버려 풀 한 포기 자라지 못하던 참혹한 그때가 있었다. 그 잿빛 땅에서 먼저 솟아오른 식물은 쑥과 고사리와 민들레였다고 한다.

지금 한국의 봄은 잿빛 땅과 진배없다. 무엇하나 시도하기 어려운 이때에 500여 점의 표현활동이 척박한 땅에서도 맨 먼저 솟아나는 민들레처럼 경이롭고 훌륭하다는 생각이다. 시골길에서 짓밟혀도 끊임없이 일어나는 민들레가 떠오른다. 도시에서도 인도와 건물 사이 틈바구니를 비집고 노란 꽃을 피워내는 민들레의 경이로움은 얼마나 감동적인가. 서호시화전은 툰드라 동토에서 민들레를 피우는 기적 같은 일을 하고 있다. 이제 전염병도 잦아들고 있다. 서호의 목교통로도 열리게 될 것이다. 서호와 시화전의 앙상블이 딱 안성맞춤이다.

중국 서호가 백낙천, 소동파, 임포 등의 대시인과

의 관련으로 많은 대중의 사랑을 받고 있듯이, 광주 서호에도 문화문인관련 의미 있는 인물의 여러 형태를 조각화하면서 만날 수 있는 연출을 한다면 새로운 문화역사가 시작될 것이고 문화운동이 될 것이다. 중국 관광객이 광주에 오면 '가볼 곳이 없다'가 아니라 서호로 모시면 된다. 중국 관련도 되면서 우리 것을 보여주는 찬스가 될 것이다. 그럴라치면 실천할 수 있는 문화 퍼포먼스 아이디어가 필요하다. 서호에는 능수버들 사이로 팔각정도 있고, 무대도 있다. 광주의 수많은 문화단체를 활용하여 서호에서 시 낭송도, 판소리도, 재즈음악도, 영상도, 초상화 그리기 등을 펼칠 수 있도록 행정 지원이 조금만 있으면 된다. 산발적 분수 쇼보다 정기적 분수 쇼를 홍보하고 조명도 한껏 투자하여 사람을 불러들여야 한다. 조명과 분수가 춤추는 배경으로 서호 무대가 열린 시민문화의 중심이 되어야 한다.

'문화전당'에서 어떤 일이

ACC 측과 시민들 사이는 물과 기름?

광주시민에게는 너무도 익숙한 옛날 전남 도청 자리에 아시아문화전당이 자리 잡고 있다. 앞에는 5·18 기념관이 80년 전의 모습 그대로이고 내부에는 무언가 다수의 문화시설이 있기는 한데 그 내부에서는 프로그램 진행자들이 있을 뿐 시민의 입장에서는 하나같이 무지에 가까울만큼 무관심하다. 달리 말하면 순전히 아시아문화전당은 그들만의 일터일 뿐 더 이상은 다가온 것이 없다. 이 건물을 꽤나 출입한다는 필자부터가 무지한 명칭은 확인 결과 '국립아시아문화전당'(약칭 아문당)이다. 이를 영어 약자로는 ACC라 부르는데 이마저도 생소하기는 마찬가지다. 아문당 측과 시민들의 사이에는 심하게 말하면 물과 기름만큼이나 따로 놀고 있다. 건물로 진입하면 급경사의 지하로 이어진다. 행사가 있어서 찾아가면 어딘지를 몰라 한참을 뒤고 메고 해야 한다. 명칭도 '문화정보원', '문화창조원', '민주평화교류원', '예술극장', '어린이문화관' 등인데 이들은 구분도 어렵지만 무얼 하는지조차 가늠하기가 어렵다. 거기에다 행사장소가 대개는 지하 3층이니 4층이다 보니 어디를 얼마나 더 내려가야 하는지 나 같은 사람도 난해하기는 마찬가지다. 진입로도 가파르고 구분도 불명확한 명칭에다 불편한 일들이 한 둘이 아니다. 매몰차다 하시겠지만 아문당에 관한 한 지금까지 그 누구의 칭찬도 들어본 적이 없다. 시민들이 이곳에 와서 차 한 잔이라도 곁들이려다가 6,000원을 상회하는 찻값에 발길을 돌리는 일도 있다.

아문당은 국립기관이라 해도 각종 문화행사가 광주지역을 기반으로 하기에 일단 소비자는 광주시민이 대상이다. 세금으로 운영되는 국가기관이라 해도 광주시민의 애정과 관심이 우선적으로 전제되어야 함은 물론이다. 아문당 자리가 어떤 곳인가. 광주의 중심이면서 5·18이 발발하여 가열차게 전개되던 역사의 현장이고 그 보상책으로 무려 2조원의 국비를 투입하여 우리 시대가 이룩한 미증유의 공간이다.

아문당에서 첫 번째로 꼽히는 문제는 프로그램이다. 콘텐츠를 살펴보면 여기가 과연 아시아 문화를 생산하는 공간이 맞는가 하는 것이다. 전시, 공연, 행사, 투어, 강좌 등이 안내되어 있지만 무료이든 유료이든 그걸 보려고 몇 사람이 찾아올까 하는 점이다. 극소수의 관람자를 위한 진행에다 홍보도 제대로 이루어지지 않은 것 같다. 팬데믹 상황이니 체험관이나 단체관람객 방문 등이 순조롭지 않은 것은 그렇다 치자. 프로그램 진행은 컨셉에 맞게 '서로 다른 문화와 경험을 공유한' 예술창작인의 취지에 맞춘다 치자. 그러나 문화라는 게 소리 뒤에는 추임새가 있고 흥을 동반하는 법인데 메아리 없는 객석은 무엇으로 설명할 것인가. 비대면이라 하여 과연 몇 사람이나 접속하고 향유하는가가 의문인 데도 전문예술인 몇 사람이 어쩌고저쩌고 하기엔 예산은 입이 쩍 벌어지게 막대하다. 2022년도 아시아문화전당 운영에다 765억 원에다 콘텐츠 제작 및 운영비로 498억 원이 확보되었다는 보도를 접했다. 이런 까무라칠 예산을 모두 광주시민에게 쓰라는 것은 아니겠지만 그렇다고 그림의 떡으로 보고 있을 수만은 없잖은가.

그래도 금년 프로그램 중에는 '2021 아시아문화포럼'에서 '아시아의 삶과 상처를 입다'를 주제로 치러낸 성과는 자평할 할 수 있다. 아시아문화 페스티벌 조직위원회가 4번째로 올린 행사는 시민과 관계자들에게 홍보하고 나름의 의도를 유도할 수 있었다. 글쓰기에 관심 갖는 시민들이 상당하기에 홍보만 잘하면 향유와 창작의 양면을 충족시킬 수 있으리란 생각이다. 강의와 토론방식으로 진행된 문학아카데미는 최근 거대 이슈로 떠오른 미얀마의 인권문제를 문학적 담론으로까지 다룰 수 있었다. 종전처럼 몇 사람끼리만 콩치고 팥치고 했다면 '너희들끼리 잘 해봐라' 했겠지만 이번에는 광주시민정신에 바탕을 둔 우리 지역의 자유정신과 민주화, 인권, 저항 등의 주제를 문학이 어떻게 수용하고 승화시킬 수 있겠는가를 진지하게 다루었던 점에서 의미가 있었다. 문학의 힘으로 광주의 빛이 아시아 국가들과 어떻게 연결되는가와 오랜 시간에 형성된 지역의 문화와 아시아 문학의 공통적 가치를 찾아가는 노력은 계속되어야 한다. 이런 점은 광주의 문인들에게 분외의 풍요를 제공하는 일이고 문인들의 가치창조에 새 지평을 열어가는 일이었다.

한 예를 언급했지만 아문당은 거듭나야 한다. 공룡처럼 공간은 넓은데 프로그램마다 지역민들과 겉돌거나 무관심 속에 진행된다면 아시아문화를 주도해 가는 아문당은 예산이나 축내는 돈 먹는 하마가 되지 않을까 걱정이다.

아, 호남의병들이시여

'호남의병기념관'으로 일원화해야 한다.

한국사를 들여다보면 큰 흐름으로 의병의 역사가 읽히고 그 활동이나 규모가 대단하다는 걸 실감한다. 한국은 고대부터 현대에 이르기까지 많은 외침을 받은 나라였다. 그러나 그 외침마다 분연히 일어서서 나라를 지킨 사람은 다름 아닌 민초군인 의병義兵들이었다. 역대 항중, 항몽, 항일의 의병이 고려 조선시대로 거쳐 조선 말기와 현대에까지 이르렀다 할 수 있다. 의병은 나라가 위급지경에 처했을 때 조정의 공식적인 징발에 관계없이 자발적으로 일어난 민군 내지는 자위군을 말한다.

특히 구한말에는 한일 굴욕협약으로 군대가 해산되고 해산된 군인들이 의병에 가담하면서 의병활동은 더욱 가열차게 전개되기에 이른다. 여기에서 우리는 호남의병을 눈여겨볼 필요가 있다. 1907년 장성의 '호남창의회맹소'의 기삼연 의병부대는 숫자는 불과 500여 명 정도였는데 이들의 봉기로 새로운 의병들이 들불이 번져가듯 여기저기에서 궐기하게 된다. 당황한 일본군은 극력 의병 토벌에 나섰고 광주를 중심에 둔 호남의병들은 굴하지 않고 대항했으나 엄청난 인명피해가 난다. 그들의 일부가 만주와 연해주로 거점을 옮기지만 그럼에도 1909년쯤에는 삼남지방 특히 지리산과 전라도 해안지역의 의병이 전국의 의병전선을 규모 면에서 압도하기에 이른다.

박은식은 자신의 저서 『한국독립운동지혈사』에서 '전라도 지역에서 가장 활발'하던 의병운동을 특기하고 있다. 그러나 훗날 우리에게 당시의 의병운동은 치열하고 줄기찼던 전황만 전해질 뿐 이것과 관련한 유적은 찾는 것조차 용이하지가 않았다. 문제는 '왜 호남에서 의병활동이 그리도 열렬했던가.'이다. 멀리 갈 것도 없이 한국근·현대사만 해도 호남은 동학농민혁명, 광주학생의거, 3·15부정선거 규탄과 4·19혁명, 5·18 민주화 운동 등 역사의 고비마다 구국을 향한 저항운동을 전개해 왔다. 구한말에 호남의 의병활동이 전국의 60%정도였는데, 400년 전 임진왜란, 정유재란만 해도 호남의병이 타 지역보다 월등 많았었다. 그 연유는 선비와 의병이 궤를 같이 하는데 국책이던 성리학에 근거하고 있다. 선비는 사회제도 면에서 엘리트그룹이었으며 대과 합격률은 0.07%였을 만큼 선택된 부류였다. 그럼에도 호남의 유생들은 16세기쯤엔 과거 합격률이 높아 호남 선비 탄생의 봇물을 이루었다. 성리학은 의義를 제일로 중시하였고 불의에 대한 저항은 순의정신殉義精神이 되었다. 명망 높은 유림들이 솔선했기에 후손들이 선조들의 귀한 뜻을 지금도 추앙하고 있다.

문제는 '호남의병의 이름으로 건립하는 기념관을 어떻게 세워야 하는가.'이다. 전남은 느닷없는 남도의병 역사공원을 추진하면서 '남도의병'이라고 이름 붙인 이유가 호남의병 중 3분의 2가 전남출신이라고 강조한다. 그 장소를 나주로 정한다면 장성은 더 서운한 곳이다. 광주를 중심으로는 김덕령, 김천일, 고경명, 최경회 등 대표적인 의병장이 있었고, 구한말에는 김태원, 김율 형제, 조경환 의병장 등이 어등산을 중심으로 활동하고 전국의 의병운동을 주도하면서 최후를 맞았다고 하여 어등산에 호남의병 기념관을 별도로 추진하고 있다. 양쪽의 의병기념관 추진을 두고 적지 않게 당황한 것은 나만의 생각일까. '호남의병'이면 될 것을 '광주의병'과 '전남의병'을 나눈다는 것이 말이 되는가. 기념관을 세우는 본연의 뜻도 이 같은 차원에서 정립하는 것이 시급하다. 중앙정부도 개념 없이 예산만을 내려 보내지 말고 지방정부 또한 예산쓰기에 경쟁한다는 인상을 줘서도 안 될 일이다. 행정 편의가 광주·전남을 분리했다지만 두 지역은 그 뿌리가 각각일 수 없어서 나주혁신도시를 공동체로 만든 것이나 광주전남연구원이나 호남학진흥원의 합작 운영 등이 좋은 예가 될 것이다. 이처럼 기관운영도 합작으로 가는데 '호남의병기념관'이면 될 것을 별도로 건립하겠다니 이는 두 지역을 함께 죽이는 일이다. 기념관 건립의 장소나 예산의 집행 등을 대승적으로 펼친다면 '호남의병기념관'은 이를 염원하는 사람들에게 많은 박수를 받을 것이다. 이에 대한 접근 방법은 의병기록에서부터 지역의병의 유적지 관리까지 디지털화를 활용하면 그

효과는 상상 이상일 것이다.

아. 호남의병들이시여, 고결한 의병들이시여. 산화한 영령들이시어. 외롭지않게 함께 계시도록 모시겠습니다.

호남의병기념관은 광주 전남 두 지역이 일원화하여 호남 최대의 특징으로 자리매김할 때 대규모 관광 일번지로 떠오를 것이 분명하다.

문화대통령은 없습니까?

문화비전을 담은 대통령후보에게 한 표를…

대한민국은 새해 초반부터 대통령 선거로 영일이 없다. 대한민국은 국제적으로는 잘난 것 같으면서도 미래의 확신이 보이지 않는다. 나는 항구성으로 보아 국가의 미래는 문화에 그 대안이 있다고 확신한다. 주지하지만, 문화를 가장 크게 역설한 지도자는 김구金九 선생이다. 선생은 '가장 부강한 나라가 되기를 원하는 것이 아니라', '한없이 가지고 싶은 것은 높은 문화의 힘이다. 문화의 힘은 우리 자신을 행복하게 하고, 남에게 행복을 주겠기 때문이다.'라고 역설했다. 이 시점에서 나라의 부강보다도 높은 문화의 힘을 소원했던 지도자 김구 선생을 새삼 되새기게 된다. 김구 선생의 문화국가론은 대한민국의 미래적 위상을 간단명료하게 설파한 것이다. 선생의 당대는 지금과는 비교도 되지 않을 만큼 우리의 현실은 문화 이전에 매달려 있을 때였다. 그럼에도 선생은 문화를 통해 강고한 나라의 미래를 설계하신 것이다.

한국은 매년 노벨문학상의 시간을 프리패싱하고 있다. 그러나 설렘만 가득할 뿐 적막강산이고 구체적인 성과가 전무하다. 한국도 이제는 전자산업, 반도체, 스포츠, 한류, 무역상승 등 잘난 분야가 수두룩하다. 그럼에도 우리는 가슴앓이 같은 '통일'을 남겨두고 있다. 만주가 포함되는 굴기제국 고구려 이후 통일신라, 고려, 조선으로 이어졌는데 지금은 남과 북이 대치한 채 70년을 넘기고 있다. 저마다 가슴에는 통일을 노래 부르건만 기약 없는 세월만 흘러가고 있다. 우리에게 통일보다 앞선 화급지사가 있을까. 그럼에도 현실은 시계제로여서 대신 노벨상의 숙제로 옮겨 가 보자. 1901년에 제정된 노벨상은 물리학, 화학생물학, 의학, 경제학, 문학, 평화 등 6개 부문에서 인류 문명의 발전에 공헌한 사람이나 단체에게 매년 한 차례씩 수여하는 상이다. 지금까지 우리는 평화상 하나에 그쳐 있다. 그중에서도 노벨상의 꽃이라 할 문학상은 우리의 노력여하에 따라 얼마든지 성과를 낼 법도 하건만 무엇이 부족한지 감감무소식이다. 우리만큼 역사적으로 고난이 많은 나라나 민족은 드물겠기에 그에 따른 인간의 고뇌 또한 문학으로 가는 것은 당연지사다.

문학은 인간의 본성을 탐구하는 예술이다. 이에 따른 인간생존의 치열성을 담아낸 민중문학은 그만큼의 문학적 강렬성을 담보하고 있다. 한국은 현하 이념적으로 이분화의 길을 걷고 있다. 세대간, 지역간, 정치적 성향간, 빈부간의 갈등 등이 하루하루 비등하고 있다. 이럴 때 노벨 문학상이라도 수상한다면 이는 변곡점이 되어 민족단합의 거멀못으로 작용할 것만 같다. 그러나 대통령 선거에서 불거진 불신, 부정, 모독, 모멸의 말들로 국민들은 하루 한시도 편할 날이 없다. 정치문화에 대한 이해부족에다 후보들마저 정치현장의 벌거숭이로 연기하기 때문이다. 누가 더 잘하느냐가 아니라 누가 더 파렴치한가에 초점을 맞춘 것 말이다. 이로 하여 지금의 대한민국호號는 어디로 가는지 시계제로의 항해를 이어가고 있다. 문학의 힘은 로마제국이 통일하는 과정에서 창작한 「아이아네스」에서도 여실하였고 최대 강국인 미국에서도 똑똑히 볼 수 있었다. 1776년 미국은 아메리칸드

림을 보여준 '독립선언문'이 있었는데 여기에는 '어떤 형태의 정부라도 인간평등을 훼손하는 경우, 그런 정부를 언제든지 변혁하고 해체하여 인민의 안전한 행복을 효과적으로 보장하는 새 정부를 구성할 권리가 인민에게 있다.'고 국가의 목적에 명시하고 있다.

문학은 다른 장르와도 구분되는 용광로 같은 힘이 있음을 재삼 강조할 필요가 있겠다. 한 국가의 통치에는 권력에 따른 여러 구색을 요구하고 있다. 지금 펼쳐지는 선거판에서 대통령 후보들은 문화 강성국가를 만드는 데는 어느 후보도 관심이 없다. 대한민국의 미래 비전을 제시하고 문화에 대한 막중역할을 제시해야 할 것 아닌가. 속 빠른 득표에만 골몰하다보면 문화강성국가는 감잡히지 않은 걸까. 필자는 결단코 단언한다. 최고의 지도자는 문화강성국의 건설에 매진할 수 있어야 한다고. 국민행복의 종착점은 창성한 문화에 있다. 그 종착점은 미래를 보는 안목에 기인하며 그 과정에서 추수追隨적으로 경제력, 군사력, 외교력 등이 자연 수렴되는 것이다. 자본만 우선하면 부익부, 빈익빈이 되어 불평등이 만연하고 경쟁사회는 승자와 패자만을 양산할 뿐이다. 이에 국가의 최후이자 최고의 비젼은 문화세상에 있다는 점을 재차 강조한다. 대통령 한 사람이 갖는 힘은 상상을 초월한다. 일국의 대통령이라면 문화비젼을 담은 정책제시에 국가의 명운을 걸어야 하고 나는 그 후보에게 표를 찍겠다.

국민이 살아있어 다행입니다

잠재된 백성의 우수성이 대한민국의 힘이다

우리 지역문단에 연세가 많으신 조연탁 시인이 계신다. 장르로는 시조이신데 필자하고는 가끔씩 자리를 함께 하며 식사와 대화의 시간을 갖곤 한다. 90을 넘기신 요즘에는 거동도 불편하고 말소리도 작아지셨다. 내가 그분을 좋아하는 이유는 그럼에도 눈빛이 살아있고 작품 쓰기를 계속하신다는 데 있다. 감히 후배 문인에게 신의와 정감의 표상이며 당당한 역사의식의 소유에 있다. 더군다나 필자가 집필하는 '광주매일'의 칼럼 애독자이시고 당신의 견해를 보내오시기도 한다. 밥자리는 되도록이면 정치와 종교 이야기는 안 하는게 편하다. 생각이 다르면 썰렁해질 수 있기 때문이다. 그럼에도 때가 때이니만큼 정치 이야기가 자동으로 나오고 말았다.

대통령을 뽑는 일은 대한민국의 입장에서는 국가대사이고 밀쳐둘 수 없는 필요충분적 과제이다. 대한민국이 어떤 나라인가. 한마디로 설명은 어렵지만 거기에는 온통 복잡다단한 역사성의 점철 때문이다. 우리하고 혈통이 동일한 북방의 소수민족은 지금은 흔

적조차 찾아볼 수 없지만 한반도에 거처를 만든 우리네는 꿋꿋한 생명력으로 여기까지 5천년을 이어져 왔다.

우리 민족의 역사성에서 저항의 역사는 어느 민족에도 볼 수 없는 강인함이 서려있다. 임시정부를 만들어 우리의 주체성을 수호한 이봉창, 안중근, 윤봉길 등의 의거는 중국인에게서는 볼 수 없는 우리만의 긍지이다. 우리의 5천 년 역사에는 침략전쟁만도 무려 931번에 이르고 외침 등으로 국가가 위급지경에 놓이면 생사를 걸고 의병을 일으켰었다. 국가가 지켜내지 못한 백성을 민초들이 사생결단으로 수호했다는 점이다. 우리 문화가 지구촌을 선도하는 세상에서 덩달아 보여주는 기술 분야나 스포츠 예능 등에서 창의력과 순발력은 가히 눈부시다고 할 수 있다. 국가가 돌본 것도 아니건만 우리 민족은 각 분야에서 개인이 펼친 우수성은 필설로는 설명이 불가능할 정도이다. 주지하듯 우리에게는 '한글'이라는 우리만의 고유한 문자가 있다. 그리고 우리의 문자 한글은 그 우수성이 괄목상대하여 2022년 UN 총회에서 국제공용어로 지정되기에 이르렀다.

이제는 모든 공식 문서에서 한글이 등장하는 자긍의 시대가 열린 것이다. 광주에서도 금년의 거대 문학행사로 '세계한글 작가대회'가 열려 지역의 문학발전에 획기적이지만 AI 도시 광주에서 한글을 매개한 산업화를 다각도로 탐색한다는 점 또한 매우 고무적이다. 이른바 한글이 산업화 시대의 주제로 진입하여 재화수단이 되리라는 전망이다. 지구상에는 한글을 가르치는 학교만도 2000여 개에 이르며 계속 확대일로에 있다. 여기에다 한글의 유용성에다 IT와 AI의 접목을 보태면 우리의 전도는 훨씬 앙양하리라는 생각이다.

시대는 변화에서 생존을 추구해야 하고 우리의 문제는 모든 것을 열어놓고 토론하면서 접근하는 자세로 나아가야 한다. 그리 보니 대선이 코앞이고 갈라친 보수와 진보가 요동치는 가운데 문제는 국민이 정치를 걱정하고 있다는 점이다. 국민은 세계 변화의 중심에 위치하건만 유독 정치가 발목을 잡고 있다는 점이다.

좋은 정치는 국민을 근심에서 해방시키는 정치이다. 정치가 국민을 선도하고 걱정을 덜어주어야 하는데 우리 정치는 불안하고 비인격이니 거꾸로 국민이 걱정을 아니할 수가 없다. 이런저런 이야기 끝에 한마디 거드시는 조시인께서 “그래도 국민이 살아있어 다행이다.”는 말씀을 던지셨다. 대한민국을 여기까지 이끈 힘은 정치권력이 아닌 잠재된 백성의 우수성으로 가능했다는 것이다. 이미 네거티브로 뒤범벅이 된 대통령후보들에게서 우리가 기대할 무엇이 남아있을까 싶다. 이 대목에서 정말 국민이 살아있어 다행이라는 생각은 새삼 크다.

조변석개는 그래도 양반이고 동일한 사안에도 한두 시간마다 생각을 바꾸고 있다. 백화점 점포식 공약으로 표만을 구걸하는 여러 술책들을 대하면서 정말이지 숨이 막힌다. 그럼에도 대통령을 뽑지 않을 수는 없다. 사람이 완벽할 수는 없더라도 진심으로 국민에게 다가가는 후보라면 그나마 마땅하다 할 것이다. 그래도 품성이 더 좋은 사람을 골라뽑아야 할 것 같다. 품성을 기준해야 복잡하지 않고 더 좋은 판단이 된다는 생각이다. 영리함은 빌려올 수 있어도 품성은 빌려올 수 없기 때문이다. 어차피 대선 이후에도 갈라 치기로 가겠지만 대한민국 국민이 위대하기에 권력을 마음대로 하지는 못할 것이다.

별달라야 할 광주문화

내 힘으로 날아가는 문화 비행기가 필요하다.

광주문화를 말할 때 여타 도시에 문화가 있으니까 광주도 있어야 한다는 차원이 아니다. 광주문화 특성을 생각할 때 광주만의 문화로 별달라야 한다는 것이 분명해야하기 때문이다. 일전 이용섭 시장과 문화단체 간담회에서 시장의 문화 인식에 대한 대화가 오갔다. 예향 광주라는 미명이 있기에 광주문화정책은 여러 시도를 한다. 시장 말마따나 광주는 전국 유일하게 문화경제부시장이 있는 도시이다. '문화'의 타이틀을 붙여 광주문화 발전을 공격적으로 챙기는 뜻으로 풀이된다. 문화만은 광주의 특징으로 하자는 의지로 읽힌다. 시장께서 솔직히 문화경제부시장 직책을 만들고도 광주문화가 발전되지 못했음을 고백했다. 직접적인 문화 일선에서 활동하는 예술인들에게도 그렇고 일반 시민들도 광주문화 향유에 대해 만족을 한다든지 문화경제성을 느끼고 있다고는 볼 수 없다. 그 자리에서 필자는 이쯤에서 광주문화의 업그레이드를 제안했다. 뱅뱅 도는 광주문화의 응축력을 국제화 혹은 세계화로 방향을 틀어가야 할 타이밍으로 말씀드렸다. 전적인 공감을 좌중에서 얻어냈다. 사실 그렇다. 그런데 세계화로 국제화로 가는데는 조건이 있다. 광주문화의 수준이 초일류가 아니면 안 된다는 것이다. 광주만의 아이디어로 눈에 보이는 별다른 일류가 아니면 우리가 생각하는 광주문화는 보통문화다. 좋은 물건은 비싸도 팔린다. 좋은 전시를 하면 사람은 온다. 광주비엔날레 예를 들어보자. 광주비엔날레가 연륜이 쌓였다고 하여 일류가 되는 것은 전혀 아니다. 감동 없는 비엔날레는 10년 이후에도 똑같은 양상이 될 것이다. 일류가 아니기 때문이다. 이숙경 광주비엔날레 예술 감독에게 크게 기대해본다. 그의 경력이 괜찮고 인터뷰에서 '관객의 참여'를 강조해서 그렇다. 일류 문화 하면 프랑스가 떠오르는데 아무래도 프랑스 문화장관이나 대통령을 반면교사로 삼아야 할 것 같다. 한국 입양아 출신 프랑스 문화장관 플리즈 펠스랭이 있다. 젊은 나이에 장관이 된 여성 장관인데 몇 년 전 한국에 왔을 때 인터뷰가 인상 깊다. 프랑스 영화만 보더라도 대중에게 인기가 높을 뿐 아니라, 국제적인 영화제에서도 자주 상을 받는 등 뛰어난 경쟁력을 보이고 있다고 하면서 한국에 더 큰 경쟁력을 발휘하기를 주문하고 있다. 또 그는 말하기를 "창작 공동체가 21세기에 진입할 수 있도록 하는 것이다. 즉 예술과 문화도 세계화나 디지털 같은 시대의 큰 변화에 부응해야 한다. (생략) 자신의 작업을 통해 수입을 올리고, 최대한 많은 대중에게 도달할 수 있게 하는 역할 말이다." 이런 말을 들으면서 프랑스 수준과 아직은 바로 비교할 수 없지만 광주문화의 지향점은 대중성과 일류화로 떠올랐다. 대중성은 그렇다 치고 일류화를 어떻게 할 것인가. 일류화가 세계화가 된다. 그러나 광주의 역량에는 세계화로 가기에는 너무 부족하다. 대회 경험도 부족하고 인프라도 부족하고 정책도, 인물도 없다. 다행인지 아닌지 광주에는 아시아 문화전당이라는 자원이 있다. 문제는 이 아문당이 광주 시민과 아무런 관계가 없는 것처럼 되어있다. 광주 품안에 있으면서도 지역 문화 예술인과 시민과 연동이 없다는 말이다. 이런 점에 있어서 광주 시청측이 인지는 하고 있다. 말인즉슨 아문당이 건축학적으로 우수하다 하나 인정이 안 된다는 것은 누구나 공감하고 있다. 이러니 아문당이 랜드마크가 될 수가 없다. 시민이 외면하는 문화공간이 무슨 의미가 있으랴. 李 시장은 아문당 특별법을 추진했으나 광주시와 협의가 없어 중앙정부와 담판하겠다는 의지를 보였다. 광주시와 발전적 관계를 피력했으나 선거일이 가까워지고 있다. 문화정책을 잘 펼치는 시장후보가 많은 표를 가져갈 것임이 분명하다. 광주는 그동안 지하철 2호선, 광주형 일자리, AI 도시 조성에 시동을 걸었고 성과가 있다고 할 수 있다. 여기서 광주만의 문화 특성이 보여주지 못하면 광주 미래가 그려지지 않는 절박감이 있다. 광주만의 유니크한 문화가 사람을 부를 것이다. 문화가 밥이 되고 일자리가 되는 도시가 우리가 지향하는 방점이다. 그 방점의 엔진을 달아야 한다. 날지 못하는 문화가 무슨 소용이 있으랴. 내 힘으로 날아가는 문화 비행기가 있을 때 세상이 보이고 살맛이 나기 때문이다.

광주문화융성, 賞金에 달려있다

메세나 운동으로 창작 붐을 일으키자.

경제와 문화의 두 개의 떡을 추진해야 하는 광주는 수입 좋은 일자리와 같은 직접적인 현실 정책은 당연히 우선시 될 터이지만 문화를 떼어놓고는 광주를 말할 수 없는 거의 숙명적인 추진사항이다. 광주에 문화가 있기는 한 것 같은데 딱히 융성되는 분위기가 아니다. 어떻게 내로라는 문화 융성을 할 것인가. 광주문화나 더 좁혀 광주문학의 미래를 염려하는 입장에서 가장 묘수가 무엇인가를 모색하지 않을 수 없는 입장이다. '광주'만의 문화는 여타 도시의 문화와 비교하여 잘났다 못났다가 아니라 광주만의 모습으로 어떻게 존재하면서 어떻게 일류화, 세계화로 갈 것인가 하는 문제이다. 그래야만 문화도시 광주 사람들에게 밥이고 일자리이면서 문화향유의 복지생활 속에 있어야 하기 때문이다. 그럼 어떻게 할 것인가. 나는 그 대안이 문화 상금에 달려있다는 결론에 이르렀다.

광주가 경제성이나 예산이 풍부해서가 아니라 문화상금에 한해서는 인색함이 없어야겠다. 문화 상금이 풍성해봐야 전체 예산 액수에 비하면 아무것도 아닌 소액에 불과하다. 다만 인식 전환이 안되어서 그렇다. 문화 육성정책을 편답시고 시청 주무과나 문화재단에서 공모제 이름으로 신청을 받아서 그것도 다 주는 것도 아니고 안식년이니 하는 미사여구를 만들어 해결이로 그야말로 찔끔찔끔 지원하고 있다. 문화단체 자존심을 구기는 일이지만 그나마 그거라도 닭 모이 주어먹듯이 받아 가는 실정이다. 차라리 문화재단 없이 시청 주무과에서 전체 일을 보면 더 낫겠다 하는 생각이 들 때가 있다 문화재단 운영비나 인건비로 문화육성에 투자하면 훨씬 더 효과가 있지 않을까.

그런 예산을 문화상금으로 돌린다면 문화는 크게 융성될 것이다. 광주광역시 문화예술상에 박용철 문학상, 김현승 문학상, 정소파 문학상, 허백련 미술상, 오지호 미술상, 임방울 국악상 등 6개의 상이 있어 매년 시상하고 있다. 이 상들은 광주광역시 조례에 의거 '한국 문화 예술 발전에 현저한 공적을 남기고 예술정신 계승과 발전에 뚜렷한 사람에게 수여하고 있다.'라고 되어있다. 그러나 실체를 들여다보면 허약하기 그지없다.

이 상의 상금은 600만 원 정도인데 그냥 주는 것이 아니고 다음 해에 창작 실제가 있어야 유효하다. 문학상은 책값으로 주는 것이고 미술, 국악상은 전시회나 공연을 전제로 해서 찔끔 주는 형태이다. 이런 소액 지원에 감동이 없고 의무만 지워지기 때문에 정작 받을만한 예술인들에게는 관심이 없다. 박용철 문학상에 보태라고 남화토건 최상준 대표께서 향후 5년 동안 2천만 원씩 상금을 집행하라고 1억 원을 쾌척하셨다. 이 정도만 되어도 박용철상은 받을만하고 누가 타느냐에 관심이 증폭되고 작품의 질은 당연히 좋아질 것이다. 이웃의 나주 백호문학상은 매년 2천만 원씩 시상이 되고 있어 권위가 있고 작가들에게는 선망의 대상이다. 강진 영랑 문학상은 독지가가 1억 5천만 원을 5년 기간에 집행을 주문하여 매년 3

천만 원씩 시상하고 있어 전국적 이목이 된다. 고창에는 소설부문 5천만 원을 걸어놓으니 작가들에게는 응모를 안 한다 하더라도 관심이 생긴다. 광주 예총에 '예술문화상'이라는 게 있다. 각 협회에 돌아가면서 주는 것인데 말씀으로는 '우수한 예술창작으로 지역 예술문화 발전에 공적이 있는 자'에게 주는 상인데 대상이 50만 원, 우수상 30만 원, 나머지 10만 원이다. 부끄러울 뿐이다. 한때 광주여성합창단 경연대회가 불꽃 튈 때가 있었다. 2007년도 근방에 1등에 2천만 원, 2등에 1,500만 원 등 상금을 통통하게 책정해 놓으니 전국의 여성합창단이 광주 경연 대회로 몰려든 적이 있었다. 이 예산이 정율성 음악회로 가버려서 상금이 없어져 지금은 존재감도 없다. 노벨상은 왜 유명한가. 노벨상 수상이 국가적 체급을 가르는 상이 되어있다. 그 권위와 함께 국제적 상금 가운데 지존이기 때문이다. 우리 돈으로 10억 이상을 받으니 명예도 생기고 수상 이후에 스타가 되게 되어있다. 광주의 초라한 상금 액수로 어떻게 문화도시가 될 것인가. 필자가 속한 '광주문학상'은 매년 5명 정도 주는데 상금액은 200만원 이어서 그 정도 수상에 매년 매달리고 있는 현상이다.

'광주문학상'이 있기에 작가들은 기다려지고 선망하는 상이 된다. 광주문협 한 회원께서 개인 이름을 걸고 회원들의 창작의욕을 고취하려는 취지에서 문학상을 공표하여 응모를 받았더니 무려 154명이나 문을 두드렸다. 그중 수상이야 소수였지만 상금을 걸어놓으니 일시적 창작 붐이 일어났다고 할 수 있다. 결론은 광주문화 발전은 상금을 크게 걸거나 메세나 운동을 가열차게 일으켜 예술 상금을 대형으로 하는 것이다. 광주문화발전에 이런저런 정책을 내놓고 있지만 그중 급소는 예술상 부문에 대형 상금을 거는 것이다.

광주문화예술상, 이대로 좋은가

닭 모이 뿌려주듯 소소한

거두절미하고 광주는 문화수도이다. 이 말에는 광주의 과거와 현재, 그리고 미래를 재는 바로메타의 의미가 함유되어있다고 생각한다. 문화예술은 광주의 미래이고 광주가 먹고 살 쌀독의 의미를 갖는다. 문화예술의 융성은 대내외에 광주의 위상제고와 직결된 일이기도 하다. 이런 터에 광주시가 시상하는 문화예술상 또한 다른 지역과의 단순비교를 넘어 상의 존립 자체를 다시금 점검해야할 시점에 도달해 있다.

무릇 상은 상금에서 그 권위가 결정된다. 매년 연말이면 광주시에서 시상하는 문화예술상은 1992년 오지호미술상을 시작으로 1995년에는 허백련미술상, 2000년부터는 박용철문학상과 임방울 국악상, 2013년부터 정소파, 김현승 문학상 등 도합 6개의 상이 제정되기에 이르렀다. 이들 상은 광주광역시 조례에 의거 광주와 한국의 문화예술발전에 성과를 낸 문화예술인에게 수여하고 있다. 그러나 명색이 광주시의 이름을 걸고 시상하는 이들 상은 들여다보면 허약하기 그지없다. 이유는 상의 이름에 맞는 상금이 주어지지 않는다는 사실이다. 하나의 예로 박용철문학상은 출발 무렵에는 1,500만 원의 상금과 출판보조비 800만 원 등 도합 2,300만 원을 수여하여 당시로는 규모를 갖춘 상이었다. 그러다가 느닷없는 선거법 시비가 일면서 상금은 자취를 감추고 상패나 수여하는 상으로 바뀌면서 현저한 질적 저하의 길을 걷게 된다.

상황이 이러다 보니 수상할만한 문화예술인은 관심을 접고 침묵하는 가운데 상을 계속 시상해야하는가에 대한 물음 앞에 서게 된다. 다른 지역에서는 이런저런 시비 없이 상을 잘도 운영하던데 유독 광주만 상금이 잘려나간 상패만의 상으로 시상된다는 것은 일면 딱하기도 하다. 시상식 때마다 이런 식으로는 안 된다는 건의 때문인지 지금은 광주예총을 거쳐 작품집 출판을 돕는 상으로 바뀌어 겨우 600만원 상당의 출판비 보조가 뒤따르지만 이마저도 외면받기는 마찬가지다. 다른 지역에서도 상의 무게에 맞취 상금을 수여하건만 유독 문화수도라는 광주만 상금을 잘라낸 상이 되면서 벌써부터 이럴 양이면 차라리 없애는 것이 상책이라는 말들을 한다. 시당국은 시상식 자리마다 상의 개선을 약속하지만 끝나고 나면 회전문처럼 다음의 시상식 자리로 이어지곤 한다. 상을 시상하는 일은 수상자를 위로하는 의미의 상금이 절대적이고 상에 얹는 상금은 지방정부의 예산에서 보면 참으로 미미하다.

광주시는 문화융성을 추진하는 차원에서 문화경제부시장 직제를 신설하였다. 그리고 문화재단을 설립하여 문화예술단체나 개인에게 제한적인 지원을 하고 있다. 어느 지자체나 첫 번째 자존심은 문화예술로 가름한다. 그런데도 이들의 지원은 닭 모이 뿌려주듯 소소한 것이 현실이다. 이리 말하면 예산형성에 무지하다 할지 모르겠는데 시가지의 하수구공사 하나만 줄여도 문화예술분야에 해갈은 상당할 턴데도 그마저도 어찌 그리 어려운지 모르겠다.

기왕 얘기가 나왔으니 문화재단의 문제도 조금만

언급하자. 가뭄에도 농사짓자고 저수지를 만드는데 저수지 없을 때는 거르지 않던 농사가 문화재단이 설립되고는 소위 안식년 같은 걸 만들어서 계속 사업들을 손 놓게 하니 이 또한 딱하기는 마찬가지다. 문화재단은 농사로 치면 물을 담아둔 저수지와 다름없다. 저수지가 없을 때도 농사를 거르지 않았는데 저수지 만든 후에 농사를 쉬라니 이리 황당할 수가 없다. 예술인들을 지원하라고 설립한 문화재단이 설립목적은 제쳐두고 자신들이 여러 사업에 예산을 사용하는 바람에 정작 손가락 빠는 쪽은 혜택을 받아야 할 예술인이거나 예술단체인 것이다.

다시 돌아오자. 상의 권위는 무엇보다 상금에 달려있다. 그런데도 상이 중요하지 상금은 그리 중요하지 않다는 논리가 지금껏 광주시 공무원들의 생각이었다. 그러다 보니 둠벙 파놓으니까 엉뚱하게도 머구리가 점령해버린 형국이라고 할까.

필자가 속한 단체의 '광주문학상'은 매년 5명 정도를 시상하는데 상금액은 200만 원 정도임에도 매년 수상희망자가 늘어나고 있다. '광주문학상'이 있기에 작가들은 희망을 걸고 밤을 새워 작품을 쓴다. 결론은 광주문화예술의 발전은 상금을 크기로 견인할 수 있다는 점이고 이를 위해 예술인 후원 운동 등을 활발하게 전개할 필요 또한 있다. 광주시가 문화발전에 이런저런 정책을 내놓고 있지만 그중 급소는 문화예술상에서 격에 맞는 상금을 걸고 그 위상과 권위를 만들도록 서두를 일이다.

새 광주시장의 문화인식

시장의 문화예술인식은
시민의 밥이고 일자리고 경제와 복지

광주가 야심차게 추진하는 'AI도시'나 '광주형 일자리'는 문화일까 문명일까. 이 같은 명제는 광주의 미래를 만들어가는 자리에서 대단히 중요하다. 이걸 두고 우리는 문화라는 말 대신 문명이라 할 수도 있다. 문명은 물질이나 건설이 주가 되고 문화는 정신적인 것이라 할 때의 말인 때문이다, 문화는 일단은 자연과는 상대적 개념이다. 행동양식이나 생활양식에서 이룩한 물질적, 정신적 소득을 통틀어 이르는 말이며 의식주를 비롯하여 언어, 풍습, 종교, 학문, 예술, 제도 따위를 두루 포함한다. 논리학상으로 문화는 문명을 포괄한다. 그렇다고 'AI도시'를 곧바로 문화라 명명하기에는 멈칫거려지는 부분이 있다. 현하 광주는 문화도시로 강력 드라이브를 걸었다. '문화경제부시장' 직책 하나만 봐도 이를 웅변한다. 여기서 '문화'는 광역개념은 아니고 좁혀진 상태에서 예술을 한정하는 말이다. 예술은 문화의 한 부분이지만 예술 활동과 그 성과의 총괄이기 때문이다. 예술은 그 자체가 지닌 상징적인 의미뿐만 아니라 고유한 다른 양식으로부터 구분 짓게 한다.

그런 의미에서 '예술경제 부시장'은 부자연스러워도 '예술의 거리'는 '문화의 거리'보다는 집중적 의미와 개연성이 크다. 우리는 이를 굳이 따져서 말하지 않아도 자연스럽게 구분해서 사용하곤 한다. 광주는 문명의 장양과 융성이 첫 번째이면서 그에 못지않게 병행해야 할 정책이 문화이다. 광주의 문화융성에는 노무현 대통령 집념이 전제된다. 노무현은 광주의 문화적 미래에 대한 기대가 누구보다 컸던 분이다. 그때 그는 "대통령이 그냥 선물하나 들고 광주에 방문한 게 아닙니다. 이것은 저의 꿈이고 여러분의 꿈입니다. (중략) 답은 문화입니다. 문화산업분야의 시장은 커질 것입니다. 욕심나지 않습니까? 광주가 문화도시로 형성되고 문화적 활동이 활발해지면 기업들이 올 거라고 생각합니다." 그는 그 시점에서 광주를 이렇게 진단했던 것이다. 솔직히 필자는 노대통령의 이 말을 문화제일주의를 제창한 김구 선생의 말씀과 오버랩 시켜서 들었던 것이다. 노무현의 문화

일성이 아시아문화중심도시가 되었고 특별법과 '문화전당'이 들어서게 된다.

광주의 문화 융성, 어떻게 할 것인가. 이에 대해 차기 광주시장의 책무는 크고 그의 문화인식 또한 중요하다. 그렇다고 너무 어렵게 생각지 말기를 바란다. 문화정책은 가까운 것이나 쉬운 것부터 접근하는 것이 순서다. 필자가 생각하는 문화융성에는 광주시가 시상하는 예술상 상금에서부터 시작한다. 다른 지역은 되는데 우리 광주만 안 된다는 것도 군색하다. 상금이 많으면 예술융성은 저절로 된다. 문화예술상 상금이 인색하면 문화정책의 전체성이 무관심 내지는 심한 질적 저하로 내려앉게 된다.

'문화예술'하면 그 무엇이든 광주는 엄지 척이어야 한다. 문화수도는 표방하면서도 변변한 문화예술상 하나 없는 도시라면 그보다 부끄러운 일은 없을 것이다. 상금을 상식선에서 책정하고 기업메세나를 통해서도 상호 협력풍토를 조성해 가야 한다. 광주를 쓰고 응모하면 작가에게 돈도 들어오고 명성도 얻는다고 할 때 광주는 몇 곱절 더 많은 재화가 돌아올 것이다. 그 광채가 품격에 맞는 아시아문화중심도시가 될 것이고 세상 사람들이 부러워하는 명실상부한 문화예술의 도시로 주목받게 될 것이다. 차기 광주시장의 문화예술인식은 그 자체가 시민의 밥이고 일자리고 경제와 복지가 된다는 점에서 그 어느 때보다 우리의 비상한 관심이 있다.

2

한반도의 첫 수도는 마한이었다

광주8경, 이대로 좋은가!

광주8경을 활성화하는 일은 지금도 늦지 않다.

광주 시민이라면 광주8경이라는 말은 자주 접하는 말 중의 하나이다. 하지만 과연 광주8경이 무엇인지, 어디에 있는지를 아는 이는 얼마나 될까.

2003년으로 거슬러 가 보자. 노무현 정부는 광주를 '문화수도'로 명명하면서 광주를 많이도 고무시켰다. 무심상하던 문화현상이 여기저기서 기지개를 켜고 문화융성에 대한 기대감으로 넘쳐났었다. 광주시에서도 뒤질세라 단양8경, 관동8경하듯이 광주8경을 선정하고 곁들여 5味라는 대표 음식까지를 차려냈었다. 그때 필자는 《광주문화21》이라는 문화주간지를 발간하던 때였고 시당국보다 한발 앞서서 《광주문화21》이 선정한 광주 8경도 지상에 공표하기에 이르렀다.

광주8경은 광주만의 특징적 볼거리를 관광차원에서 보여주는 일이다. 근대사에 광주는 20세기 초까지는 나주에 선두를 양보해야 했고 이를 대표할만한 랜드마크 또한 없었다. 그런 처지에 광주시는 도시개발 차원에서 태봉산을 깎아 경양방죽을 메꾸었으니 지금 생각하면 이만저만한 시행착오가 아닐 수 없다. 조선조 인종의 아들 용성대군의 태를 묻었다는 태봉산에다 인근의 거대 호수인 경양방죽은 어느 고을에도 뒤지지 않을 명품관광지였다. 이제는 아무리 돈을 들여도 이들을 복구할 방법이 없으니 막막한 마음만 커지고 말았다. 소 잃고 외양간 고치는 이야기지만 이들이 보존되었더라면 광주가 안팎으로 내세울 참 괜찮은 랜드마크 였을 것은 불문가지다.

2003년 광주시는 광주8경을 지정했는데 광주의 대표적인 명산 무등산을 비롯하여 구도청 앞 광장, 사직공원, 월드컵경기장, 월봉서원(빙월당), 잣고개 야경, 중외공원, 포충사 등으로 하고 이들에다 주변 경관을 붙여 팔경명을 최종 확정했다. 가령 무등산도 전체를 상징하는 "무등산 사계"나 빙월당도 '빙월당과 황룡강의 물안개' 등으로 명칭을 다듬은 것이다. 그런데 광주시보다 한발 앞선《광주문화21》의 8경의 선정은 상당부분 광주시와 겹칠 만큼 고심한 작업이었다. 순서대로 말하면 무등산도 '무등산 규봉암 일출'이라든지 '어등산 황룡강 빙월당 대숲바람'도 어등산과 황룡강을 하나로 아우르면서 빙월당의 대숲바람을 강조하고자 했다. '무진산성 잣고개 광주야경'이나 가사문화권을 포괄한 '충효동 자미탄 왕버들숲' 등도 이 같은 생각을 담아낸 것이다. 월드컵 경기장도 '월드컵 경기장 달맞이'가 낫지 않을까. 광주는 월산동, 진월동, 주월동 등 달이 지명에 들어간 동네가 많아서 월드컵 경기장에서의 달 축제 등도 구상할만하지 않은가. 중외공원보다 비엔날레관, 국립박물관, 민속박물관, 미술관을 아우르는 '운암골 문예회관 한여름 밤의 꿈'은 어떨까. 광주문예회관은 대통령상 수상 건축물이니 그곳 광장에서 여름밤을 축제의 장으로 꾸밀 수 있기 때문이다. 지금은 운천저수지를 광주 서구의 호수라는 의미의 '서호'로 명명하는 이가 많은데 여기에다 '운천호 무각사 범종소리'를 아우르면 도시 속에 명품 볼거리를 만드는 일이다. ⑧'사직공원 팔각정 저녁노을'이 일품이다. 이곳 정자를 5 · 18을 의미하는 18층으로 건립하여 김치전시장 종합센터로 하면 이 또한 대단한 볼거리가 될 것이다.

다소 장황했지만 광주8경을 활성화하는 일은 지금도 늦지 않았다. 8경 지정 이후 몇 번의 시장이 바뀌면서 이의 홍보와 관리는 많이 희미해졌다. 매번 반복 발표되는 아시아 문화중심도시 조성사업은 2022년만 해도 45가지나 된다. 그중 1번이 '월봉서원 문화예술 체험복합관 건립 및 운영'이라 했는데 이것도 월봉서원보다는 정조가 고봉 기대승에게 내린 빙월당氷月堂이란 당호가 더 영광스럽고 이를 광주정신의 상징어로 삼을 만하다. 어디에나 있음직한 서원보다는 명칭부터가 독특한 '빙월당'으로 부르는 게 역사적으로나 교육적으로 더 좋을성 싶다. 이마저 발표만 되어 있지 어느 세월에나 제대로 활용이 될까. 광주시민 사랑의 1번지가 빙월당 일원이면 좋겠는데 이 또한 언제나 가능할까? 여기에는 선택과 집중이 필요하며 빛의 도시니 첨단실감콘텐츠 플랫폼이니 아시아아트 아카이빙이니 하는 알 듯 모를 듯한

소리 가지고는 광주관광문화의 진흥은 요원하기만 같다. 그렇다면 여기에 무엇이 필요할까. 광주8경은 시민사랑을 전제하며 광주를 찾는 관광객에게 AI도시와 접목하고 아시아 문화전당이나 이 지역 먹거리와도 함께할 때 광주문화의 진면목이 약속될 것이다. 여기에 광주8경의 활용은 그만큼 요긴하다는 의미이기도 하다. 구찌코리아는 돼지꿈을 좋아하는 한국정서에다 돼지머리 올린 고사상을 접목하여 한국 고객에게 먹혀들었고, 한국의 색동옷을 고가에 판매하고 있다. 우리 축구팀을 4강에 올린 다음 히딩크의 고향 사람들은 자기 지역의 흙을 비싼 값에 팔았다는 얘기는 시사하는 바가 크다. 광주8경으로 문화의 판을 키우고 '빛'을 매제로 한 첨단문화콘텐츠를 비엔날레까지도 활용한다면 광주만의 문화적 독자성은 확대될 것이다. 요컨대 젊은이들 인스타그램에 "광주 거기를 갔어? 광주에서 그거랑 찍었어? 그리고 올렸어?"로 도배가 되어야 할만큼 말이다.

광주문화융성, 어떻게 가야 할까

'무등산'을 주제로 100억 원을 걸어서
작품공모를 해볼까?

광주는 자타가 인정하는 문화수도이다. 노무현대통령이 듣기 좋으라고 선거공약에 포함시킨 것만은 아닐 것이다. 그런 만큼 광주는 문화도시 요건에 합당했으니 표명한 말일 것이다. '문화수도' 광주는 광주의 과거와 현재, 그리고 미래를 아우르는 생존의 의미까지 함유되어있다고 생각한다. 문화예술은 광주의 미래이기에 광주가 먹고 살 쌀독의 의미를 갖는다. 문화가 밥이고 일자리이고 복지이고 보험까지 되어야 할 시점이니 더 무엇을 말하랴. 문화융성의 묘수를 모색하는 입장에서 내린 결론은 광주시가 시상하는 문화예술상 또한 다른 지역과의 단순비교를 넘어 존립 자체를 점검해야할 시점에 이르렀다.

무릇 상은 상금에서 그 권위가 결정된다. 매년 연말이면 시상하는 문화예술상은 명색이 광주시의 이름을 걸었지만 들여다보면 부끄럽고 허약하기 그지없다. 이유는 상의 이름에 맞는 상금이 없다는 사실이다. 하나의 예로 박용철문학상은 출발 무렵에는 1,500만 원의 상금과 출판보조비 800만 원 등 도합

2,300만 원을 수여하여 당시로는 꽤나 규모를 갖춘 상이었고 문인들에게 비상한 관심 또한 모아졌다. 그러다가 느닷없는 선거법 시비가 일면서 상금은 자취를 감추고 상패나 수여하는 형식적인 상으로 바뀌면서 현저한 질적 저하의 길을 걷게 된다.

수상할만한 문화예술인은 관심을 접고 침묵하는 가운데 상을 계속 시상해야하는가에 대한 물음 앞에 서게 된다. 나주의 백호문학상은 2천만 원이고 강진 영랑문학상은 3천만 원이다. 이웃의 담양 송순문학상 2천만 원, 가사문학대상 1천만 원, 고흥 송수권문학상 2천만 원, 인천 구상문학상 7천만 원이다. 다른 지역에서는 이런저런 시비 없이 상을 잘도 운영하던데 유독 우리 광주만 상금이 잘려나간 상패만의 상으로 시상되었다. 시상식 때마다 이런 식으로는 안 된다는 건의 때문인지 지금은 광주예총을 거쳐 작품집 출판을 돕는 상으로 바뀌어 겨우 600만 원 상당의 출판비 보조가 뒤따르지만 이마저도 외면받기는 마찬가지다. 유독 문화수도라는 광주만 상금을 잘라낸 상이 되면서 이럴 양이면 차라리 없애는 것이 상책이라는 말들이 무성하다.

광주시는 문화융성을 추진하는 차원에서 문화경제부시장 직제를 신설하였다. 그리고 문화재단을 설립하여 문화예술단체나 개인에게 제한적인 지원을 하고 있다. 어느 지자체나 첫 번째 자존심은 문화예술로 가름한다. 그런데도 이들의 지원은 닭 모이 뿌리듯 소소한 것이 현실이다. 조그만 공사 하나만 줄여도 문화예술분야에 해갈은 상당할 터인데 그마저도 어찌 그리 어려운지 모르겠다.

문화부시장만 내세우지 말고 현실적인 광주의 문화융성은 간단하다. 상금이 풍족한 도시로 가면 되는 것이다. 르네상스가 왜 세계문화사의 꽃인가. 재력을 쌓은 메디치 가문이 학문과 예술 쪽에 전폭적인 후원에서 기인하고 있다. 이 일로 다빈치, 미켈란젤로, 라파엘로 등 인류 최고의 화가나 단테, 페트라르카, 보카치오 등 불세출의 문학가들이 쏟아지게 배출된다. 이탈리아가 르네상스를 이끄는 국가가 되었고 피렌체는 교황까지 여러 명을 배출하여 그 흔적이 현대에서도 곳곳에 남아있다. 이런 정도의 후원은 안 되더라도 광주는 문화상금이 다른 도시에 뒤져서는 안 된다. 문화 르네상스가 일류 지향의 광주를 만드는 길이다. 바둑이 왜 인기가 있는가, 그 자체로도 함의가 많지만 상금 액수에 그 비밀이 있다. 정상을 달리는 신진서 프로는 금년 상반기만 해도 상금이 무려 10억을 넘어섰다 한다. 골프는 왜 선망인가. 골프를 잘하면 우선 거두는 상금이 엄청나다. LIV 골프 인비테이셔널이란 게 있다. 상금규모는 우리 돈으로 3,100억 원이 걸려 있다.

상의 권위는 무엇보다 상금 액수에 좌우된다. 광주가 '무등산'을 주제로 100억 원을 걸어서 작품공모를 할 수는 없을까. 꿈이 아니다. 당선자가 없으면 안 뽑으면 되고 그 과정에서 국가적, 세계적 관심이 모아지고 소동파 적벽부처럼 천하의 문장이 나올 수 있기 때문이다. 광주만이 할 수 있는 결단이다.

함평천지 '호남가비' 앞에서

'삼천리 좋은 경은 호남이 으뜸이라.
거드렁거리고 살아보세'

2022년 7월 9일 11시, 함평나비공원에 우리 지역 최고의 문화자산인 호남가비를 제막했다. 날짜와 장소를 일부러 명기한 것은 단순히 비 하나를 세운다는 의미를 넘어선 때문이다. 호남가湖南歌가 어떤 노래인가. '함평천지'로 시작하면서 호남 전체의 지명을 아우르는 불멸의 노래인 때문이다. 인간이 언어로 불멸의 예술을 만든다는 생각이 호남가를 접하면서 새삼 떠오른 생각이다. 호남가는 함평을 시작으로 제주를 포함한 호남의 54개 고을이 감기는 가락으로 엮어져 있다. 이들 호남의 고을명은 순간순간 그 지역의 특색과 풍광을 동반하면서 살아 움직이는 감동을 선사한다. 호남가는 작자미상으로 되어있으며 구한말의 노래로 보인다. 구한말이 어느 때인가. 국가는 동력이 쇠진한 채 사회는 병들고 백성의 살림은 극도로 곤궁하던 때이다. 이처럼 어려운 상황에서 동학東學군이 민족에게 희망의 불씨로 지펴질 때 호남가는 무엇이었을까. 노래는 시대의 반영이라는데 유행했던 노래들을 들춰보면 그 의미가 그리 잘 나타날 수가 없다.

때가 때인 지라 호남가의 작자는 큰 의미가 없고 하등 밝힐 필요 또한 없지 않았을까. 풍전등화가 된 나라에서 민족을 일으키는 노래의 익명성은 필연이기도 하다. 호남의 고을명을 두루 거명한 것은 우리네 천석고황을 하나하나 짚어가는 의미에 값한다. 마지막 구절처럼 '삼천리 좋은 경은 호남이 으뜸이라. 거드렁거리고 살아보세'에 이르면 이 땅의 민중이면 누구나 절로 어깨춤이 덩실거려졌을 법하다. 삼천리가 전부 우리 땅이고 가장 좋은 삶의 터전이 호남이라는 자부심으로 이 험난한 세상을 이기고 살아보자는 소망이 읽히는 것이다.

호남가는 구한말을 거쳐 일제강점기로 오면서 민중 속의 노래로 불리다가 임방울 명창(1904~1961)을 만나면서 대유행의 길에 들어선다. 임방울선생은 광주출신 소리꾼이고 광주광역시 조례로 '임방울국악상'이 시상되고 있다. 대한민국 대표적인 소리꾼 임방울 국창의 목소리로 호남가가 불렀으니 민중의 환호 또한 얼마나 컸으랴. 임방울선생은 민족사적으로 어려운 시대를 살다간 가객이었다. 9세에 소리 공부에 입문하였다 하나 이건 추측일 수도 있다. 우리 지역의 문인 중에 '강산에 늘봄잔치'라는 원로시인이 있는데 이 분의 선대가 많은 농토를 소유한 이른바 땅부자였다. 임방울 선생은 생계가 어려웠던지라 강시인의 집에서 깔담살이(머슴)를 살았는데 그러던 어느 날 송정극장에 창극이 들어왔다는 소문을 듣고 몰래 구경을 간 뒤로 일주일을 넘기도록 들어오지를 않아 찾아 나섰더니 웬걸 창극단의 노래에 빠져서 그곳에서 먹고 자고 하면서 문지기를 살더라는 것이다. 이런 임방울이 호남가를 불렀으니 사랑받는 민중에게 그 반응이 폭발적이었을 것은 불문가지. 호남 출신이면 누구나 이 노래를 들으면 어깨부터 들썩거려진다. 특히 첫머리인 '함평천지 늙은 몸이 광주 고향을 보랴하고'까지는 저절로 흥얼거리게 된다. 그래서 호남가는 몰라도 '함평천지'는 모르는 사람이 없게 되고 그로 하여 제목조차 '함평천지'인줄 아는 사람이 있을 정도다. 이번 함평에서 세운 노래비의 일은 잘한 일이고 널리 추장할 일이라 아니할 수 없다. 지역문화 활동가 지형원 문화통 발행인이 발의하고 전국의 함평 향우들과 호남가를 사랑하는 사람들이 발벗고 나서 이뤄낸 쾌거이다.

이번 함평의 '호남가비'의 건립은 이 일의 시작이라고 할 수 있다. 오래 전부터 우리 지역에서도 이에 뜻있는 장세영, 강원구, 김종, 기세규, 필자 등이 호남가비를 구상해왔고 호남가 박물관 또한 꿈꾸어왔다. 〈호남가〉는 출향인을 포함 1,200만 호남인의 망향가이다. 적지를 잡아 광개토대왕비보다 더 크게 호남가비를 세우고 호남가 박물관 또한 세우자는 것이다. 재원은 각 지자체가 십시일반하고 고을마다 서예가를 초치하여 439자를 조합해가면 호남가비나 박물관은 호남 최고의 볼거리가 되기에 손색이 없겠다. 호남가비 세우기는 이제부터다. 그 위치는 어디로 할까. 호남가 끝부분에 '남평루'가 등장하고 광주와 혁신도시 중간이니 삽질할 일만 남았다. 호남가비 세우기는 '호남가의 자화자찬'에서 시작해야 한다. 호남가는 가히 호남공화국의 호남애국가로 손색이 없다. 이번 제막식에서 호남가는 창唱으로만 묶어둘 일이 아니라는 것도 확인했다. 랩으로도 재즈로도 변환하면 그 흐름에 맞게 얼마든지 다양하게 불릴 가능성을 보여주었다. 가장 지방적인 것이 세계적인 것이라는 말은 새삼스런 화두이고 위대한 K컬처가 될 전망 또한 크고 크다.

한반도의 첫 수도는 마한이었다

마한은 자존성과 존재감으로 위풍당당한 사직

엊그제 광복절을 맞았다. 가정마다 관공서마다 태극기를 달아야 하는데 그에 대한 통계가 없다. 태극기 달기는 거국적으로 새길수록 그 의미가 크다. 태극기는 민족의 얼이며 혼이며 자존의 표징이기 때문이다. 경제는 힘들고 정치는 방향을 잃고 흔들리고 있다. 제1,2,3 당이 모두 비대위 체제인 걸 보면서 이게 정상인가 싶다. 정치가 국민을 선도하고 바른 국정을 조타해야하는데 국민이 정치 걱정을 하는 현실이다. 하긴 국난이 있을 때면 민중(의병)이 나서서 국가를 지켰던 예가 한두 번인가.

빼앗긴 주권을 되찾는 일을 우리는 광복이라고 한다. 우리에게 8.15광복절은 일제 36년을 청산하고 되찾은 주권 회복을 의미한다. 여기에는 정치광복의 의미가 우선이고 그에 따른 역사 광복과 문화 광복도 함께 하는 일이다. 깡그리 말살될 뻔한 우리의 역사와 문화를 되찾고 감격스럽게도 경제 부흥의 자랑스런 역사를 다시 쓰고 있는 것이다. 그 과정에서 하늘이 우리 민족을 돌본 몇 차례의 천운이 있었다. 우리의 생활터전인 호남을 보자. 지금의 호남은 안타깝게도 정치적 맹주가 없다. 거기에다 여러 분야의 지표 또한 참으로 난감할 만큼 지지부진하다. 기업들이 활발해야 일자리와 먹거리가 만들어질 텐데 타 지역에 비해 상대적으로 열악하다. 대학들은 당초의 목적인 인재 양성에는 뒷전이고 학생 모집에 숨이 막힐 지경이다. 충청도 강원도 제주도 등지도 수도권에 포함하고 영남은 영남만의 독자 세력화한 부울경이 메가시티로 존재한다. 전북 또한 준 수도권이라고 하니 광주전남만 외도토리 신세다. 이번 칼럼은 이 외로움을 달래줄 꿀팁 하나를 말씀드리겠다. 우리 지역 호남은 '한반도의 첫 수도'였었다. 무슨 말씀인가 하실 것이다. 우리 국토에서 한반도로 국한하는 것은 소극적 개념이고 광활한 만주 땅을 포함할 때 원래의 개념에 합당한 것이다. 허나 언제부턴가 한반도로 굳어져 버린 국토가 한반도의 본래인 것처럼 인식되었다. 우리 광주나 한반도에서 기억하는 첫 번째 나라가 마한이다. 마한은 한반도 서쪽의 중남부에 위치하였고 변한, 진한과 길항한 거대 세력이었다. 그리고 마한이 진한, 변한의 왕을 겸하였다는 기록도 존재한다. 부산에서 배로 쉽게 접근할 수 있는 대마도對馬島도 마한을 바라보고 있다는 의미이다. 북쪽으로 고조선이나 부여가 있었지만 이도 우리 민족임은 물론이다. 허지만 그 지역이 한반도 북쪽을 걸친 만주 땅이 주 무대였다. 한반도로 국한하면 마한이 국가체제를 갖춘 첫 번째 정치세력이고 군왕의 금동관이 국보 제295호로 지정되어 국립나주박물관에 보관되어 있다. 이를 보면 당시 권력자의 위엄과 권위가 어느 정도인지를 상상할 수 있다. 이런 정황으로 볼 때 마한은 호남에 위치하면서 한반도의 첫 수도라는 자존성과 존재감으로 위풍당당한 사직이었다. BC 1세기부터 AD 3세기에 전라도를 중심에 둔 충청 경기지방에 분포한 여러 나라의 이름이었다는 말이다. 영산강은 이 유역에서 출토된 대형 고분과 갖가지 유물들이 당시 마한문화의 발상지임을 웅변으로 보여 주고 있다.

축소문화에 익숙한 우리는 담대한 선언에는 주저하는 경향이 있다. 우리 역사가 고구려 백제 신라에서 시작 한다치면 우리 역사는 2000년 밖에 안 된다. 이리 되면 이집트 피라미드가 4500년 전에 만들어졌으니 우리와는 맞상대가 되지 않는다. 그러나 거슬러 반만년이라면 기존의 우리 역사와 얼추 맞는 숫자다. 배달민족을 강조하면서도 그에 따른 역사는 잊고 사는 게 우리의 현실이다. 배달의 역사를 삽입해야 반만년이 되고 이는 중국 삼황오제 황하문명보다 앞서고 이집트 문명과 비슷하며 인더스 문명, 메소포타미아 문명과도 동일한 세월이다. 일본 역사 따위는 비교가 되지 않는다. 배달에서 단군조선, 북부여, 고구려, 백제, 신라로 역사의 흐름을 잡는 것은 상식이다. 한민족 역사의 국통맥國統脈을 바로 세워가야 한다는 노력이 어느 때보다 절실한 이유이다. 바른 역사관을 세우는 일에는 힘 있는 독지가의 도움이 그 어느 때보다 절실한데 아직은 감감 무소식이다. 통 큰 역사를 확립하고 결단하는 데는 이를 주도할만한 지성적 노력과 재정지원이 필요하고 또 필요하다. 오늘도 영산강은 바다를 찾아 흐른다. 800년 마한의 역사를 지켜봤던 강이다. 그 강이 강보처럼 감싸고 흐르는 나주일대를 한반도 첫 수도라 하여 무리라고 할 사람이 있을까..

담대한 '유교문화공원' 선언

세계유교대회와 유교엑스포를 유치할 초석

얼마 전 나의 전부라 할 어머님이 돌아가셨다. 부모님의 타계는 누구에게나 당황스런 일이지만 대처 방안이 쉬 떠오르지 않았다. 장례식장에서 전통식으로 할 거냐 종교식으로 할 거냐로 물어왔다. 종교식은 기독교식이냐 불교식이냐를 묻는 것이겠고 전통식은 유교식으로 할 것인가에 대한 여부일 것이다. 종교식으로 하기엔 형제간에도 서로 다른 부분이 있고 나부터가 익숙하지가 않아 전통식을 택했다. 어렸을 때부터 많이 봐왔고 익숙한 예법이라 그쪽을 택한 것이다. 우리민족에는 유교예법과 생활습속이 은연중 스며들어 피돌기 한다고 봐야한다. 기독교 신앙에 아무리 빠졌더라도 알게 모르게 유교생활과 예법에 젖어 있다. 유교는 조선조의 근본이념으로 나라를 이끌어갈 유능한 인재 양성에도 방점을 두었었다. '조선'이라 이름 붙인 새 왕조는 국운이 다한 고려의 5백년 도읍지를 떠나 한양으로 천도하였고 민심수습과 제도의 정비에 유교를 원용援用한 것이다.

성리학은 고려말 안향이 도입한 것으로 되어있다.

당시 원나라는 주자학이 보편화 되어 있었다. 유교는 무엇이고 성리학은 무엇이고 주자학은 무엇인가. 송학은 또 무엇인가,

유교의 종교적 측면은 경천사상에서 유추할 수 있다. 경천사상은 우주와 인간을 주재하는 초인간적, 초자연적 절대성에다 숭경崇敬의 근거를 담고 있다. 좀 난해하지만 공자는 '천天'의 권위를 상실 시키지 않으면서 인간의 신성성과 궁극성을 내재화 했다. 유교는 제사를 중요시한다. 일반적으로 종교에서 행하는 제의는 기복행사祈福行事이지만, 유교적 제의는 윤리성과 도덕성에 기반하고 있다. 그러니까 유교의 제의는 대가나 보상을 요구하지 않는 그 자체의 의식인 것이다. 우리는 유교의 근본이념이 효孝의 실천에 있음을 이 이론을 따로 공부하지 않아도 인지할 수 있다. 그래서 효는 존경의 마음이 조상뿐만 아니라 천에까지 거슬러 오르는 유교의 주요 덕목이 된 것이다.

금년 유교의 최고기관이라 할 수 있는 성균관에서

추석상에 '전'을 안 부쳐도 된다고 발표했다. 그러면서 음식은 여섯 가지면 충분하다고 했다. 음식 놓은 위치는 가족이 상의해서 정하면 된다고도 했다. 성균관이 여러 차례 회의와 조사 끝에 의견을 내놓은 것은 이례적이다. 명절만 되면 '명절증후군', '남녀차별' 등등의 용어가 등장하고 이로 하여 이혼율까지 높인다 하여 유교가 그간의 고지식에 대한 자기반성을 한 것이다.

여기서 제사란 모시지 않는 것 보다는 간소화해서라도 모시는 것이 좋겠다는 생각이 든다. 이렇게 간소화 할 수도 있는 것을 그 동안 애먼 주부들만 고생시켰다는 생각마저 든다. '조율이시', '홍동백서', '좌포우혜'같은 어려운 규칙으로 상다리가 휘도록 상을 차려야만 되는 줄 알았었다. 이번 초상初喪 의식을 치르면서 상주가 알지도 못하면서 이래라 저래라 할 수 없는 일이어서 시키는 대로 고인故人에게 삼시 세끼 따뜻한 밥과 국을 올려드렸다. 돌아가셨지만 할 수 있는 일이었고 의미 또한 있겠다 싶었다. 문득 이런 생각도 들었다. 주자가례를 생활 속에 다시금 소환할 수도 없고 관혼상제 사례四禮 역시 따르고만 살 수도 없는 세상이다. 이런 터에 성균관이 현실적 방안을 내놓은 것이다. 그렇다고 유교생활이 깡그리 없어지는 것이 아닐 뿐더러 그럴 필요도 없다. 다만 유교문화를 이제는 흐름에 맞게 정리하여 과거 현재 미래를 보여줄 필요가 있어야 한다는 생각이다. 차제에 대한민국 유교문화 대공원을 화순에다 조성하면 어떨까 하는 생각이다. 화순에는 향교가 3개나 된다. 전국 234개 향교 중 한 고을에 3군데나 된 곳은 화순이 유일하지 않을까. 화순에는 주자를 모시는 주자묘朱子廟가 있다. 이런 조건을 갖춘 화순이 다른 지자체가 선점하기 전에 '유교문화 대공원'을 조성하겠다는 선언이 필요하다. 별의별 아이템으로 문화 이벤트나 축제를 여는 세상인데 마침 유교공원이 아직은 없다. 유교공원을 대형화하여 유교, 주자학, 성리학, 송학을 알고 싶거나 예법이 궁금하거들랑 화순을 찾게 하는 것이다. 이리되면 세계유교엑스포도 개최할 수 있다. 세계불교대회는 있어도 세계유교대회나 유교엑스포는 없다. 유교를 신봉하는 동남아국가, 특히 한국, 대만, 싱가포르, 중국 등이 줄줄이 세계의 선진국 대열에 들어있다. 이는 유교의 장점이 어딘가에 숨 쉬고 있기 때문이다. 다시 조선시대로 돌아갈 수는 없기에 거듭 화순에 '대한민국 유교문화공원'을 제안한다.

향교의 재발견 그리고 미래

'대한민국 향교축제'는 어떨까?

필자는 최근 몇 년 사이에 광주향교에서 두어 차례 특강 요청을 받았었다. 화순 주자묘朱子廟에서 강의 또한 몇 번 가졌었다. '역사 광복'을 꿈꾸는 나에게 유학계의 접근은 그리 어려운 것만은 아니었다. 급기야는 이번 광주향교 추기석전秋期釋奠이라 불리는 가을제사에서 종헌관을 맡아달라는 연락을 받아 영광스럽게 수행도 했었다. 이번 행사에 참여하면서 대한민국 향교개혁의 미래를 떠올렸다. 영문학이 전공인 필자에게 인문학 분야의 연마는 근본이 동일하여 설사 관심이 바뀐다 해도 활 틀에서 화살 몇 개 바꾸는 정도쯤이었다. 요컨대 고구려 태학, 백제의 박사, 신라의 대학같이 유교이념 제도는 그 연원이 먼 곳에서 시작되었다. 그런 맥락에서 향교는 우리 역사와 운명을 함께 해왔다 해도 과언이 아니다. 고려 말 안향에 의해 성리학이 소개되어 조선조에 와서는 전국의 군, 현에 고루 설치되어 국가의 인재를 기르는 중심이념이며 공립교육기관이 향교였다. 향교가 지닌 기능은 크게 두 가지인 바, 유교예절과 경전을 배우는 교육기능과 공자를 제사 지내는 제향기능이다.

이번 추기석전은 음력 8월 중 좋은 날에 올리는 가을제사라고 할 수 있다. 조선시대의 향교는 서원에 밀렸었고 근대적인 교육제도가 도입되면서는 제향기능을 중심으로 현재까지 이어지고 있다. 이 같은 의의를 갖는 데도 향교는 사회적 이슈에 가려져 있었다. 제향의 자리에서 초헌관에는 시장이 아헌관에는 중량급 시의원이 모셔진다 해도 시민과 학생들은 관심 밖의 일로 치러지는 게 현실이다. 언론에 잠깐 보도된 것이 그나마도 관심된 부분이랄까. 어디서부터 잘못된 것일까. 얼마 전 유교의 총 본산인 성균관에서 추석상에 '전'을 부치지 말라고 발표했었다. 추석 차례상에는 여섯 가지면 충분하다고 했다. 명절만 되면 명절증후군을 앓던 주부들이 그 간의 세월이 너무나 억울하다고 생각했던 때문일까. 향교의 큰 행사이긴 해도 제사상은 너무 과하게 차려지고 의식 또한 현대의 흐름에 맞지 않게 절차가 길다. 향교의 의미가 외부에 알려지지 않은 상태에서 내부에서만 감 놔라 배 놔라 하다 보니 불요한 예법에 더 집착하지 않았나 싶다. 세상은 자꾸 변해가는 데 주자가례를 다시 소환할 수도 없고 곧이곧대로의 관혼상제는 이처럼 먹혀들지 않는다.

조선은 성리학을 지배이념으로 채택하기에 이르렀다. 양반들은 체면치레나 과시욕에 편승해 상다리가 부러질 정도로 허례허식을 중시하였다. 상복을 1년 입느냐, 3년 입느냐 사과가 동쪽이니, 배가 서쪽이냐로 날밤을 새웠다. 그야말로 우리가 말하는 공리공론의 구체적 사례였다. 향교의 제사음식이 과하다는 것이 이런 점에서 지적받는 것이다. 그렇더라도 향교는 우리민족의 고유성을 계속 지켜야한다. 그렇다면 방법은 무엇일까. 민족과 함께 시민과 함께 시대를 따라가는 일이고 그 방법은 '향교축제'에 있다. 요즘 별의별 세상에는 축제가 있고 성공사례 또한 많다. 가까운 함평나비축제가 환경보호에 대한 놀라운 효과를 기록한다. 명량대첩축제, 남도음식축제, 장흥물

축제, 광주충장축제 등등이 사람을 불러들인다. 사람이 모여들면 그 의미는 달라진다. 그 중에서 대전 중구에서 열리는 '대한민국 성씨축제'는 압권이다. 2박 3일 열리는 이 축제에 대한민국 문중 핵심 지도자들은 아니 갈 수가 없다. 해당 성씨 깃발이 입장하고 이어지는 성씨 자랑이 발표되는 자리에 깃발만 있고 사람이 없으면 문중 체면은 어찌되겠는가. 이런 이유로 성씨축제는 수천 명의 인파가 모여 성공을 거둔 대표적인 축제이다.

전국에는 234개의 향교가 있다. 이 향교를 묶어서 '대한민국 향교축제'를 벌이는 것이다. 해당지역의 깃발을 입장시키고 선의의 경쟁을 시키는 것이다. 이런 행사를 하려면 '대한민국 유교 대공원'같은 것이 필요하다. 그 적지로 화순이 떠오른다. 화순은 세 곳의 향교에다 주자묘가 있는 곳이다. 향교가 셋이나 되는 지역은 화순이 유일하다. 다른 지자체에서 이런 발상에 무관심할 때 화순이 선점했으면 한다. 유교권 국가들이 목하 약진 중이다. 한국은 물론이고 대만이

나 싱가포르, 최근 중국 성장 등은 일등 국가이면서 공통적으로 유교전통을 바탕에 깔고 있다.

우리만의 문화를 장양하는 길은 가장 한국다운 것을 찾아서 보듬어야 한다. 한국은 한글과 한류, 한국제품 등이 두루 세계를 선도하고 있다. 그 이면에는 면면이 흐르는 유교정신이 오늘의 우리를 떠받치고 있음을 간과해서는 안 될 것이다.

위대하다 한글이여!

만물의 소리를 표기할 수 있는 글자는 한글뿐

한국작가들의 작품은 운문이든 산문이든 당연히 한글로 표현된다. 작가의 성향에 따라 저마다 자신의 언어를 풀어 개성대로 작품을 창작해 간다. 작가들은 한글로 작품을 쓰면서 돌멩이를 옥으로 바꾸었다고도 고백한다. 우리가 살아가는데 공기와 물은 생명 유지의 필수요건이다. 그런데도 우리는 생명을 유지하는데 그들의 고마움을 잊고 살다가 부족하다 싶으면 필사적으로 갈구한다. 한글의 경우도 그 같은 경우가 아닐까. 그럼에도 우리는 고맙기 짝이 없는 한글을 물과 공기처럼 그저 존재할 뿐으로 생각하고 있다. 10월에 맞는 한글날을 하루를 쉬는 국경일쯤으로 생각할 뿐이다. 그럼에도 한글날만큼 훌륭하고 자부심 넘치는 경축일이 또 있을까.

한국이 이만큼 성장하여 내세울 자랑거리가 한두 가지가 아니지만 한글의 장점은 여기에 그치는 게 아니다. 한국을 비하하는 나라마저도 한글의 우수성만은 너나없이 동의한다. 한글이 없는 대한민국을 상상해 보라. 5천년 역사의 우리말을 한글이 아니면 어찌 표현할 수 있었을까. 만약 한글이 부재하다면 지금 우리가 누리는 문화나 경제나 사회의 제반 현상이 얼마만큼 가능할 것인가. 짚어볼수록 한글은 우리의 고유성과 자존심을 담보한 최고의 문자로 손색이 없다.

우리는 우리의 문자니까 그렇다 치고 우리 밖의 사람들은 어떤가. 우선 세계의 문자 가운데 오직 우리의 훈민정음만 제작한 사람과 반포일을 알며, 제작 원리까지도 만방에 내세울 수 있는 유일의 문자이다. '한글'은 세종께서 제작 당시에 붙인 이름이 아니고 1910년 초 주시경 선생 등이 '한'이란 '크다'는 의미를 담아 명명한 것이다. 한글은 배우기 쉽고 과학적이라는 인식 위에 모든 소리를 적을 수 있다는 만능인 것에 대해 지구촌의 언어학자들은 찬탄에 찬탄을 거듭하고 있다.

한자는 글자 수가 많기로 유명하지만 그에 따른 한계 또한 열거하기 어려울 정도이다. 일본어는 자음과 모음마저 미 분리 상태이며 영어의 사용 영역은 그 문자의 광역성 만큼 한글과 견주어 비교 되지 않는다. 외국인도 대학 이상의 학력이면 1시간 안에 자기 이름을 한글로 쓸 수 있다고 한다. 한글 자음의 기본은 'ㄱ,ㄴ,ㅁ,ㅅ,ㅇ'인데 'ㄱ'에다 획수를 더하면 'ㅋ,ㄲ'이 된다. 그러니까 앞 글자 다섯 개의 자음만 알면 다음 글자의 사용능력은 그냥 따라오게 되어 있다. 복잡한 모음체계도 점(.) 하나에 작대기 두 개(ㅡ, ㅣ)로 조작을 끝낸다. 가장 간단한 것으로 가장 복잡한 것을 표현할 수 있다는 얘기다. 한글의 언어적 창조력은 휴대폰에서도 여지없이 그 위력을 발휘한다. 자판에 한글을 모두 넣어도 자판이 남아돈다는 얘기다.

AI시대가 시작되면서 광주가 AI의 도시라는 점이다. 시장께서는 광주를 말할 때 'AI도시 광주'가 먼저 나온다. AI와 한글은 이미 산업화의 구상을 전제하며 이와 관련하여 광주의 미래 또한 여기에 접목할 수 있다. 『영원한 제국』으로 유명해진 이인화 소설가가 있다. 이화여대 재직 시에는 천재 소설가이자 스타

교수였던 그가 우여곡절로 학교를 떠나게 됐지만 그 후 4년간의 절치부심 끝에 야심차게 완성한 장편소설 『2061년』의 소재가 훈민정음이다. 이 작가는 현재 인공지능 AI에 매료되어 있고 작품은 1443년 창제된 훈민정음이 AI의 소리와 생각을 표기하는 유일의 문자이며 2061년 세계 공용문자가 된다는 설정이다.

인공지능 AI 앞에서 로마자의 음성인식은 완벽한 무용지물이다. 이에 반해 한글의 언어가동력은 놀랄 만큼 빠르고 정확하다. 요컨대 순경음, 반치음 등 15세기 한글의 초성, 중성, 종성을 결합하면 약 400억 종의 분절음을 표기할 수 있다는 것이다. 만물의 모든 소리를 표기할 수 있는 한글 데이터로 전 세계의 인공지능은 그 모두를 한글화로 수렴한다는 것이다. 또한 AI가 지성체가 되면 말을 하려고 할 것이고 이를 표기할 수 있는 문자가 한글밖에 없다는 게 학자들의 일반적 분석이다.

AI도시 광주는 이제 바빠져야 한다. 여기에다 AI도

시 광주가 한글 '판권'을 획득해야 미래의 광주가 그려지게 된다. '세계한글작가대회'의 광주 개최는 그런 의미에서 광주의 미래를 그리는 큰 뜻이 있다. 한글을 잘 쓰는 작가와 이를 응용하는 과학과 기술의 융합이 대한민국의 미래를 견인할 것이 분명하다.

아, 한글! 아, 대한민국!

한글날은 국경일을 넘어 국민축제로 가야한다.

춥기를 할까. 덥기를 할까. 더없이 좋은 계절 10월이 다 지나간다. 이제는 단풍도 온 산천을 점령군처럼 남하할 것이고 사람들은 저마다 추수하는 일로 바빠질 것이다. 대한민국의 10월은 최고의 국경일이 두 개나 있다. 개천절과 한글날이 그것이다. 우리의 국경일은 3·1절, 광복절, 제헌절이 더 있지만 어느 땐가부터 정치형태가 변화하면서 바뀌는 형국이다. 우리 민족과 끝까지 함께 할 국경일은 개천절과 한글날이라는 생각도 든다. 이 중 한글날은 민족의 최고의 자산이고 이를 지구촌에 내놓고 자랑하는 일은 아무리 강조해도 지나침이 없겠다. 우리가 공기의 고마움을 모르고 살듯이 한글의 고마움 또한 잊고 살지 않았을까. 세계 최고의 배우 톰 크루즈는 '친한親韓 스타'로 유명하다. 코로나 여파가 사그라지면서 최근 10번째로 방한한 그는 '나는 영화 때문이 아니라 한국의 음식이 먹고 싶어 왔다'고 했다. 그러면서 인천공항에 몰려든 여성 팬들과 한 사람 한 사람 악수하면서 우리말로 '안녕하세요. 고맙습니다'를 연발하였다. 한글까지도 사랑하고 있음을 보여준 웅변이었다.

지금 전 세계 광고판에는 한글 광고가 올라와 있다. 영국의 파이낸셜 타임즈와 함께 세계 경제신문의 양대 산맥인 미국의 월드 스트리트 저널은 1면에 멋진 한글 광고를 싣고 있다. 또 유네스코가 소수민족 언어 계승과 발전에 공을 기려 '세종대왕'상을 수여하는데 이는 한글이 세계 최고의 문자임을 인정한 최고의 행사라 하겠다. K-팝 스타들 덕분이기도 하지만 세계로 퍼져 나가는 영상콘텐츠 제작에 한글광고는 빠뜨릴 수 없는 일이 되어버렸다.

이처럼 네티즌들이 함께하니 지구 전체에서 한글이 크나큰 파장을 일으키는 것은 당연하다. 우리가 젊었을 때는 뜻도 모르고 팝송을 흥얼거렸듯이 가수 싸이 이후 세계 곳곳에서 한국어 노래를 부르는 일이 빈번해졌다. 세종학당에는 한글을 배우려는 지망생들로 연일 북적인다고 한다. 한글은 세종대왕의 애민정신이 창제한 특별한 문자이다. "우리나라의 말이 중국과 달라 한자와는 서로 통하지 아니하고 그런 이유로 자신의 뜻을 제대로 펴지 못하는 백성이 많아 이를 딱하게 여겨 새로 스물여덟 자를 만드노니, 누구든 쉽게 익혀 편안하게 사용하라."는 것이 훈민정음의 창제 의도였다. 세종께서 고심 끝에 백성이 쉽게 사용할 수 있는 한글을 만들었다지만 오늘날 이처럼 AI 시대에 적중한 과학적인 문자는 지구촌 어디에도 없다는 사실이다. 24개의 자음과 모음만으로, 컴퓨터 자판기의 모든 문자를 단번에 해결할 수 있는 유일의 문자가 한글인 때문이다. 하나의 글자가 하나의 소리로 만들어졌기에 한국인은 디지털로 5초 내에 못 만드는 문장이 없다는 것이다.

금년 576돌 한글날에 한덕수 총리의 경축사 중 눈여겨볼 대목이 있었다. 한글 열기를 새삼 언급한 그는 한글의 '디지털 전환과 인공지능에 활용할 수 있도록 한국어 빅데이터를 구축하겠다.'는 부분이었다. 필자는 여러 칼럼을 통하여 광주에서의 '세계 한글 작가대회' 개최에 앞장서면서 그 중요성을 강조하고 있지만 진전이 보이지 않아 답답하기만 하다. 세상은 하루가 다르게 AI 시대로 가는데 AI 도시라는 광주가 어느 만큼을 이에 대처하는 것일까. 미래에 AI와 AI의 소통은 한글밖에 없다는 걸 백번 천 번 명심할 일이다. 세계의 모든 AI의 소통이 한글밖에 없음에도 그 '판권'을 광주가 확보하지 못한다면 이는 천추의 한이 될 수도 있음을 한시도 망각해서는 안 될 것이다.

노래 한 곡을 불러도 기기에다 비용을 치르듯이 세계 각국이 한글을 사용하려면 소정의 한글 사용료를 지불하라는 뜻이다. AI의 대화를 한글로 받고 당당히 그 사용료를 챙기자는 것이고 그 판권을 광주에서 소유하자는 의도이다. 이를 위한 그 첫 번째 단계로 광주가 '세계 한글 작가대회'를 유치하는 일이고 그 주제 또한 "한글의 산업화"로 가자는 것이다. 참, 한글날을 보내면서 기억할 분이 있다. 이 지역 출신 김황식 총리가 재직 시에 한글 창제는 기적 같은 축복임을 강조하면서 한글날은 국경일을 넘어 국민

축제로 가자고 제안했다고 한다. 2011년 그의 총리 시절, 한글날이 국경일이자 정식 공휴일로 지정한 것은 널리 아는 일이다. 이번 한글날에 총리가 아닌 대통령의 경축사였더라면 그 모양새가 얼마나 어울렸을까. 새삼 아쉬운 대목이다.

디지털 시대의 문학 교류

인류에게 가장 최적화된 정보 전달 방법은
독서와 사색과 상상하기

그리스 격언에 '집안에 노인이 없거든 빌리라'는 말이 있다. 가정에서부터 크게는 국가에 이르기 까지 노인과 원로들의 지혜와 역할이 중요하다는 뜻으로 읽힌다. 최근 문학지 등의 등단 절차를 거치며 문단에 입문하는 이들의 연령층이 높아지고 있는 추세다. 건강한 실버세대들의 인문학에 대한 관심도 그만큼 크다는 것을 주변의 여러 강좌 수강생들이나 특강 등에 참여 하는 여러 문학 모임들을 보면 알 수 있다.

1945년 이후의 출생 세대는 뉴 실버세대로 불린다. 90년대 후반 40대 중반~50대의 나이에 IMF로 인한 명예퇴직과 조기 은퇴한 이로서 현재는 60대로 사회활동에도 적극적 참여를 보이고 있는 세대를 가리킨다. 이들은 이전의 실버세대들이 직장에서 은퇴 후 여생을 소일거리로 지내는 반면 이들은 그동안 축적한 사회적 지위와 부를 기반으로 하여 중장년층 못지않게 사회 활동을 왕성하게 영위해 나갈 수 있는 특징을 지녔다. 과학적 근거에 의하면 노년이 되면 기억력은 떨어지지만 더 현명해진다고 한다. 그들은 두뇌의 집중력은 떨어지지만 한 번에 여러 가지를 흡수할 수 있는 유연성을 갖고 있다는 연구결과를 뉴욕타임스가 보도한 바 있다.

일각에서는 실버 세대의 인문학 열풍을 마치 17세기 프랑스의 유명 살롱들을 중심으로 예술과 문학이 활발히 성장했던 모습과 비교하여 21세기 '살롱'의 부활을 말하기도 한다. 또 한편으로는 가족의 축소와 1인 가구의 증가, SNS로만 이어지는 관계의 피로에 대한 탈출로 실버세대들도 오프라인의 문학 모임을 찾는다고도 분석한다. 교양이나 지식을 얻기 위해서 뿐만 아니라 네트워킹에 대한 욕구를 동시에 충족시켜주기 때문에 문학 동아리 모임은 외연의 확장과 지속성을 계속 유지해 가고 있다.

"오늘의 나를 있게 한 것은 우리 마을 도서관이었

다. 하버드대학교 졸업장보다 소중한 것이 독서하는 습관이다." 마이크로소프트의 창업자이자 소문난 독서광으로 알려진 빌게이츠의 말이다. 인류에게 가장 최적화된 정보 전달 방법인 책을 읽고 사색하고 상상하며 단순한 감동을 넘어 현장에서 저자를 만나는 활동을 하고 글을 쓰며 서로 교류하는 것은 참으로 소중한 가치를 갖는다.

이것이야말로 현대의 사대부士大夫 활동이 아닐까 생각한다. 경쟁력이 떨어진다는 이유로 철학과 예술 그리고 인문학 등의 학문이 대학에서도 통폐합이 일어나고 있는 현실이다. 하지만 역설적으로 인문학적 소통을 통해 사람과 삶에 대한 진정한 해답을 찾아가는 영호남 수필문학의 지속적 활동은 행복한 창조를 이루고 있다는 생각이다. 문학으로 세상의 중심을 향해 도전하는 영호남 수필문학의 꿈을 다시 응원한다.

3

어느 토요일 오후의 다큐

어느 토요일 오후의 다큐

세상에 맑은 물을 공급하는 자는 약자지만 강하다.

겨울바람이 차갑다. 하늘도 칙칙한 회색빛이다. 토요일 오후를 택해 광주 유림회관에서 행하는 '동산문학' 연말행사에 참석했다. 행사는 적당한 규모로 실속 있게 진행되고 있었다. 유학을 신봉하는 유림儒林들의 교육장인 유림회관은 광주 사람들에게 알게 모르게 여러 일들을 행한 믿음의 공간으로 자리 잡고 있다. 광주 남구 사직동의 향교는 조선시대에 만들어진, 필자에게는 무심상 넘길 수 없는 의미가 큰 공립교육기관이다. 원래는 이곳 향교자리가 광산탁씨 도선산이었다. 그런데 조선조 조정에서 향교를 짓는다고 비키라고 하니 따를 수밖에 없었다. 바로 그것이 광산탁씨 묘역을 지금의 서구 마륵동으로 옮기게 된 단초가 되었다. 광주광역시 향교는 이 지역의 인재 양성과 유림 교육에 크게 공헌해 온 유일한 장소이다. 바로 여기에서 많은 사람이 유교의 예절과 경전을 배우면서 공자의 위폐를 모시고 제사를 지냈다. 유림회관은 근대에 와서 붙인 이름이다. 그리고 이후의 공간으로 이동하면서 많은 사람들의 사랑을 받아왔다. 그러니까 과거 명륜당의 여러 행사가 이곳에서 현대화되었다 할 수 있다. 향교의 책임자인 전교典校의 취임은 물론 조선시대 같았으면 유림들의 교육도 지금의 유림회관 차지였다. 필자도 유림회관에서 두어 번 특강을 한 적이 있고, 광주문협 회장 취임도 많은 축하객에 둘러싸여 성대하게 행하던 기억이 생생하다. 이번 '동산문학' 문학제의 축사 또한 문협회장으로서는 마지막 축사가 될 것 같다. 필자의 생각에 유림회관은 내부를 더 다듬어서 광주시민들을 위해 이용률을 확대해 갔으면 한다. 지금은 향교가 담을 헐어버려 큰길에서도 잘 보이는 것은 물론 접근하기 쉽고 미관상에도 보기 좋은 곳으로 탈바꿈했다. 그럼에도 향교가 젊은 세대에게는 인기가 없다. 향교의 의미와 전통을 알아야 한국의 k-컬쳐도 개발할 터인데 말이다. 유림회관에서 '동산문학' 신인문학상 시상식은 상당 시간 진행되었고 내 자신 또한 고무되기도 했다. 주최 측과 회원 여러분이 함께했었고 차기 광주문협 회장에 뜻을 둔 3명의 후보가 선거운동원과 함께 참석하니 자리는 채워지면서 분위기가 달아올랐다.

솔직히 필자는 이 소박한 문학행사에 바쁘디바쁜 현대인들이 얼마나 자신의 일처럼 관심 가질까 싶었던 것이다. 문학에 대한 열정과 이를 구심점으로 모인 이날의 문학행사는 그럼에도 16명의 신인들을 당선시켜 이들에 대한 기대감을 모아 미래를 당부하는 자리였다. 바깥공기는 차갑지만 이 행사에 참석한 83세의 신인여성은 '평생 문학을 하고 싶었는데 이제야 등단의 소원을 이루게 되었다.'고 눈물을 글썽이기까지 했다.

순간 영국의 계관시인 윌리엄워즈워드의 '무지개'가 떠올랐다.

하늘은 무지개를 보노라면/
내 가슴은 뛰노라/ 나 어린 시절에 그러했고/
어른이 된 지금도 그러하고/ 나이가 들어도 그러할지니/
그렇지 않으면 죽은 것과 같으리니/

어린이는 어른의 아버지/ 바라느니 나와 하루하루가
자연의 경건함에 이루어지기를

세상은 삭막하다. 요즈음 몸으로 느끼는 체감지수가 더욱 그렇다. 여기에다 정치나 경제, 사회 또한 뒤숭숭하다. 그럼에도 문학하는 사람들은 순수 그 자체를 갈망한다. 이럴 때 이 세상에 맑은 물을 공급하는 자는 약자지만 그들이 되레 강한 사람들이라는 생각을 한다.

문학은 한마디로 글로 쓰는 인간탐구가 아니던가. 작품으로 로마제국의 성립을 그려낸 당대의 천재 시인 베르길리우스를 동원하지 않더라도 문학은 누군가 알아주지 않아도 괘념치 않고 신념을 다하여 추진하는 작업이라 할 수 있다. 언젠가 문학행사에 축하화분을 배달하는 사람이 문학은 '돈벌이가 안 되는데도 온몸으로 활동하는 문인들을 보면 이해가 안 된다'던 말이 나를 설명 할 수 없는 환청 속으로 밀어 넣는다.

필자는 축사 중간쯤에서 최봉석 발행인의 문학에의 헌신을 격려했고 지역문학의 전국화를 역설하였다. 그러면서 기업 메세나 운동을 공격적으로 하여 원고료도 지급하고 예술재단과 연계하여 돈이 되는 글쓰기를 주문하고 단을 내려왔다. 행사가 끝날 즈음 밖에는 어둠이 내리고 있었다. 추위는 심해졌고 출출한 배를 문지르며 어느 신문사 기자와의 약속 장소로 발걸음을 서둘렀다. 이런 토요일 저녁에는 싸구려 구이 하나 시켜놓고 소주잔을 기울이면 이런저런 여러 상념이 녹아날 것만 같기에.

문화제국 코리아의 꿈

'K-컬처' 문화발전소를 가동하고
그 중심에 광주가 있어야 한다

우리는 제국을 해본 역사가 없다. 제국에 대한 미움과 원망이 깔려있다. 가까이 일본제국에 국가를 빼앗긴 적이 있고 몽골 제국에 쑥대밭이 된 적이 있고 당나라 수나라 제국에 국가적 위협을 당한 적이 있다. 도대체 제국이란 무엇인가. 제국은 다른 민족이나 국가를 넘어다보는 정치 형태이다. 제국은 정치권력으로 다른 국가에 행사하여 내 권력으로 귀속시키는 것도 있고, 경제권력으로 이익을 내려고 끌어들이고 당하는 자에게 고통을 겪게 하는 것도 있다.

우리는 제국한테 당한 수난의 역사만 기록되어 있다. 이런 게 역사의 징크스가 되어 우리 민족을 눌러왔다. 우리 역사에는 '삼전도 굴욕'같은 치욕사가 많다. 내 것을 지킨다고 지켜지는 게 아니다. 우리도 할 수 있는 힘만 있다면 제국으로 방향을 잡아야 한다. 우리가 정치제국으로 가는 것은 당해봤기 때문에 남에게 고통을 주는 것은 바람직한 것이 아니다. 경제제국으로 더욱 가열차게 가는 것은 괜찮은 일이다. 이만큼 성장한 대한민국의 꿈을 문화제국으로 만들어 보는 일이다.

이제는 독재와 군사의 힘이 권력을 갖기 어렵다. 부정선거를 용서하지 않을 만큼 민도가 되어있다. 물론 정치에서 개선하고 발전시켜야 할 일이 너무 많지만 여야가 대치하고 긴장하면서도 국민을 향해 호소하는 것도 국민에게 힘이 있기 때문이다. 시끄럽긴 해도 한국의 정치도 발전되어 있는 형태라고 할 수 있다. 대한민국의 정치환경, 경제 환경에서 놓쳐서 안 되는 역사적 기회, 바로 대한민국의 꿈을 문화제국의 현실로 만들어 보는 일이다. 그렇다면 한국의 문화제국은 어떤 것인가. 한국이 갖고 있는 잠재력이 오늘날처럼 세계화가 되어갈 줄 아무도 몰랐다. 한국의 문화가 타 세계에 영향을 주고 있기에 문화제국의 조짐을 느낄 수 있기 때문이다.

우리 역사에서 최근처럼 한국 문화가 지구촌 곳곳에 먹혀든 적이 있었는가. 한국의 '대장금' 드라마, 한국의 '기생충'영화, 한국의 'BTS'음악, 한국의 '오징어 게임' 넷플릭스, 한국의 '김치, 비빔밥, 믹스커

피' 등 푸드산업, 한국의 웹툰이나 오락 콘텐츠 등등이다. 한류 성장은 대한민국의 세계적 경제 위상이 높아지면서 한국 문화에 대한 관심이 커졌지만 그것만으로 답은 아니다. 가수, 배우, 감독, 기획자 등이 치열한 경쟁을 거치면서 그 수준을 올렸기 때문이다. 세계 시장문을 두드렸고 먹혀들어가고 있는 것이다. 우리 한국인은 문화 잠재력이 세계화가 되어 간다는 것이다. 우리 자신도 감탄한다. 추억의 '달고나'부터 '무궁화 꽃이 피었습니다.', '구슬치기' 같은 놀이가 해외 시청자들에게 먹혀 들어갈 줄이야. 어느덧 우리 경제를 이끄는 큰 축이 되어 있다.

김구 선생의 「나의 소원」에서 언급한 문화 강국론이 현실적으로 정말 꿈같은 시대가 되었다고 할 수 있다. 선생께서는 "가장 부강한 나라가 되기를 원하는 것은 아니다… 오직 한없이 가지고 싶은 것은 높은 문화의 힘이다."라고 하셨다. 어쩜 이렇게 말씀하실 수 있을까. 문화의 힘은 우리 자신을 행복되게 하고, 나아가서 남에게 행복을 줄 수 있기 때문이라고 하신다. 지금의 인류에게 부족한 것은 부의 힘도 아니오, 경제력도 아니라고 하셨다. 이렇게 민족이 가야 할 방향을 명쾌하게 해 주셨다.

대한민국의 문화제국 중심지는 광주가 되기를 소원한다. 문화도시를 표방하는 도시가 한국에 40개라 하는데 광주는 그중 '문화중심 도시'라는 광주시의 담당자의 설명이다. 광주는 '저항의 도시'라는 그 틀 속에만 들어있으면 큰일이다. 문화도시 면모와 잠재력이 충분하기에 광주는 문화로 가야 하고, 문화제국의 중심에 있어야 한다. 호남의 중심인 광주가 문화를 내세울 수 없으면 미래가 없다. 혹자는 경제 다음에 문화가 있다고 주장한다. 그렇게 순서대로 되는 것은 아니다. K-컬처가 지구 곳곳을 누비고 다니는 이 역사적 찬스에 광주가 있어야 한다. 광주는 행정으로는 유일하게 문화 부시장이 있고 아시아 문화전당이 있고 계산풍류 문학이 우뚝하고 비엔날레가 있고 국악이 살아있고 성인합창단이 100개가 넘는 예술의 도시이다.

지금 아시아문화전당에서 격년으로 '아시아 문학 페스티벌'의 국제행사가 이루어지고 있고 내년부터는 '세계 한글 작가대회'가 개최될 예정으로 되어있다. 국제행사를 통해 광주 역량을 보일 것이고 그 역량이 세계화가 될 것이고 문학을 중심으로 'K-컬처' 문화발전소가 가동되어 모든 예술 장르에 살아날 것으로 믿어 의심치 않는다. 자신만만한 우리의 생각이 미래를 만드는 일이다. 대한민국의 이상적 방향은 문화제국이고 광주가 그 선두와 중심에 있어야 한다는 생각이다.

'글쓰기'는 직업이 될 수 있는가!

개성이 자본인 글쓰기는 운명이다

광주문협회장을 떠나게 되어 몸과 마음이 이리 홀가분할 수가 없다. 어떤 직책을 맡는다는 게 일정한 책임이 뒤따르는지라 자유롭지 못한 게 사실이었다. 문협회장이란 글 쓰는 회원들의 창작고취를 곁에서 도와야 하기 때문에 기금을 만들어서 원고료도 드려야 되고 무슨 행사라도 하려면 식사비라도 부담해야 하므로 바삐 뛰는 경우가 많았었다. 며칠 전 신임 이근모 회장 초청으로 역대 문협회장들이 모처럼 한자리에 모이게 되었다. 자리가 자리인지라 문협을 위한 여러 말씀들이 줄을 이었다.

글 쓰는 사람은 "중앙문단을 쳐다볼 필요도 없고 문학관이 특별해야 좋은 글을 쓰는 것은 아니다. 그러면서 작품이 좋으면 그만큼 문학발전에 기여하는 것"이라는 말들이 이어져 갔다. 어떤 분은 "문협회장을 존경하는 이유는 글 쓰는 사람 중에서 뽑힌 사람이어서 그렇고 장사하는 사람에서 뽑힌 회장하고는 다르다. 또한 인문학의 중심이 문학이어서 시민들에게 평생교육을 전개하는 것이 바람직하다."는 의견 앞에서는 문인들과 보낸 지난 3년이 무의미하지는 않았다는 생각마저 들었다.

글 쓰는 문인은 보통 사람과는 달라야 하고 그래야 정서적 감동을 줄 수 있다는 생각이다. 뉘앙스가 다르긴 하지만 글 쓰는 사람을 '문인'이라 부를 수도 있고 '작가'라고 부를 수도 있다. 문인묵객이나 문·사·철이라 하여 문인은 인간탐구를 위해 글쓰기를 하며 끊임없이 자기를 갈고 닦아 자신의 문장을 남기려는 지식인을 총칭하는 말이다. 그런 의미에서 문인과 의미가 비슷한 작가는 민중과 구별하는 배타적 태도가 아니고 민중에게 다가서서 자신의 정서에 의미를 부여하고 같이 호흡해보려는 예술노동자들을 이르는 말이다. 아무튼 문인은 조선시대에는 글과 학문으로 입신한 사람을 일컬었으나 현대에는 문필이나 문예창작에 종사하는 작가와 동일의미의 사람이다.

그렇다면 글 쓰는 세상에서 문인은 무엇인가. '문인' 하면 일반인이 볼 때는 어딘가 고상하고 머리에

든 것이 많고 남다른 느낌의 소유자라 할 수 있다. 문인은 끊임없이 자신을 향한 질문을 던지면서 더 좋은 글쓰기를 염두하며 살아가는 사람이다.

하지만 예술 자체는 인간생존에 직접적 영향을 미치지 못해서 시장경제의 사회에서는 수입이 많이 못 미치는 직업이기도 하다. 때문에 경제사정이 불안정하면 굶어죽기 딱 좋은 안성맞춤의 직업이기 십상이라는 말도 있다. 그래서 대학에서 문학을 공부하는 팍팍한 처지를 국문과는 굶어죽고, 영문과는 영문도 모르고 죽고, 불문과는 불문곡절하여 죽는다는 자조적인 우스갯소리가 존재하는 것이 현실이다.

실제로 문인 혹은 작가는 배고프고 고달프다는 것이 일반적인 생각이다. '스타작가'나 '웹툰 작가'의 대박 소식도 존재하지만 직업으로서의 문인은 여전히 불안하다. '전업작가'를 선언하기에는 현실에서 많은 장애가 뒤따르곤 한다. 글 쓰는 직업에 대한 인식은 배우자의 선택에서도 유리한 입장이 아니다. 그럼에도 글쓰기는 여전히 존재하며 앞으로도 존재할 것이다. 작가가 문학창작에 전념하는 것은 글쓰기의 쾌감에 매료되기도 하고 독자의 반응에 이끌리기도 한다. 문학의 위대함에 감탄하면서도 내가 혹시 작품 속의 주인공이 아닐까 하는 환상에 젖기도 하면서 작가는 오늘도 글을 쓰고 있다. 예술인들의 수입에는 분야에 따라 격차가 많은 것으로 알려져 있다. 통상적으로 건축가는 1년에 1억쯤 번다한다. 그렇다면 문인들은 실제에서 얼마를 벌어들이는 것일까.

작가에는 유·무명도 있고 여행하면서 창작하는 작가도 있고 비교적 근자에 출현한 웹툰 작가도 있다. 광주문협 회원은 대략 800여 명에 이르고 전남문협은 500여 명, 광주전남 작가회원은 200여 명을 헤아린다. 글쓰기가 열악한 현실에서 이들 숫자는 여전히 만만치 않다. '자발적 가난'을 택했노라며 자기 고충을 토로하는 작가도 있지만 대개의 경우 작가는 고독해야 하는 직업으로 꼽힌다. 미술가는 즉석에서 그림을 그릴 수 있고, 음악가는 무대에 올라 노래나 연주를 할 수 있다. 그러나 작가가 즉석에서 일필휘지로 예술적인 임팩트를 드러내기는 쉽지 않다. 글쓰기는 누구나 할 수 있기에 더욱 무시 당하는 직업이다.

사람들은 보통 걷기를 대단하게 여기지 않듯이, 글을 쓰는 것을 대단찮게 여기는 경향이 있다. 직업인으로서 활동하기 위한 커트라인이 없는지라 초등학생 동화 작가부터 의사 출신 에세이 작가까지 지식 수준이나 분야별로 천차만별이 존재한다. 그럼에도 글 쓰는 사람은 지구상의 모든 사람이 저마다의 얼굴이 다르듯이 자기 개성을 자본으로 글을 써갈 수밖에 없는 게 현실이고 운명이다.

아직도 행사장 타령하는 광주!

행사장과 식사와 숙소의 삼박자를 맞춰야

광주는 모름지기 호남의 정치, 경제, 문화를 통할하는 거대 중심도시이다. 그럼에도 광주는 필요충분조건 차원에서 빠뜨린 것들이 너무 많다. 그중에는 호남의 웅도답게 그에 걸맞은 행사장의 미비가 현실에 비추어 뼈아프다. 주최 측은 아둥바둥 여기저기를 수소문해야하고 행사장에 맞추어 행사규모 또한 조절해야 한다. 이에 맞는 행사장을 선정한다는 것은 비유적으로 몸에 맞는 옷이 아니라 옷에 몸을 맞추는 형국이다. 이를테면 400명이나 500명 규모의 국내외 행사를 광주에서 개최할라 치면 우선 그 규모에 맞는 장소를 선정하는 게 급선무다. 가령 김대중컨벤션센터 같은 곳에서 한꺼번에 많은 수가 모일 수는 있어도 이 행사에 수반되는 먹고 자고 하는 조건을 맞추기가 쉽지 않다는 것이다. 문화행사라는 게 심포지엄을 하던 세미나를 하던 공식행사를 치른 다음에는 식사와 숙소가 동일 조건으로 뒤따라야 한다. 그런데 광주에는 그게 안 된다는 한계를 안고 있다. 광주는 행인지 불행인지 아시아 문화전당이 구시

가지 중심에 자리 잡고 있다. 그런데 그들 시설물이 고스란히 지하에 묻혀있어 이에 맞춰 행사를 원활하게 안내하기조차 쉽지 않다. 단체 안내를 하자고 해도 행사장 소통로부터 만들어야 하고 별도로 안내자까지 배치해야 한다. 백보 양보하여 행사는 그런대로 아시아 문화전당을 이용한다 치자. 그러나 문제는 이에 상응하는 식당과 숙소의 문제가 새로이 등장한다는 것이다.

필자는 비교적 중국 여행을 자주 하는 편이다. 그 과정에서 취약했던 중국 사회의 발전하는 모습을 보는 일이 많다. 그때 눈에 들어온 중국의 면면을 몇 마디 말로 단순 언급하기에는 불가능한 면이 크다. 그만큼 행사에 관련된 중국의 시스템에는 놀라운 전략 또한 숨어있다는 사실이다. 하나만 예를 들어보자. 우리 광주에는 상공회의소가 있지만 시민들하고는 별무 상관이고 그래서 그곳에서 무슨 일을 하고 있는지조차 아는 이는 많지 않다. 그런데 중국은 어느 도시의 상공회의소든 그 위치는 항시 시내 중심지였고 비즈니스맨이나 여행객의 접근이 아주 용이했었다. 그러나 이들 건물에 대한 감동은 그 구조에 있었다. 대개가 건물의 1층은 지역 특산품 등이 진열되어 물건을 구경하고 구매하기가 용이했고 2~3층은 이른바 컨퍼런스 룸이라 할 수 있는 크고 작은 회의실들이 다수 갖추어져 행사 규모에 따라 공간 이용이 아주 편리하게 설계되어 있었다. 물론 중앙 룸이나 여타 룸에서 공간은 공간대로 배치나 이용도가 적절했고 합동으로 쓰는 공간마저도 컴퓨터, 팩스 등의 집기가 이용객 위주로 배치되어 있었다. 그리고 건물의 위층은 비즈니스맨이나 여행객들이 투숙할 수 있는 호텔형으로 건축되어 있었다.

지하 1층이나 2층은 대개가 다양한 먹거리를 구비하여 이용객들 위주로 식사를 즐길 수 있었다. 이쯤 되면 공간 전체가 원스톱 서비스 상공회의소 라 할 만하지 않은가. 동일 건물에서 회의를 하고 선물을 구매하고 먹고 자는 일까지 해결이 된다면 그 시너지 효과가 얼마나 크겠는가. 다른 도시는 차치하고 우리 광주는 왜 이렇게 못 하는가 하는 점이다. 홀리데이인 호텔이나 라마다 호텔 등이 이에 가깝긴 하지만 그들 공간이 소프트하지를 않아 규모를 맞출 수가 없고 가격 부담이나 주차시설 등도 많은 제약이 뒤따르곤 한다.

이 같은 현상은 어느 누구에게 어디에 가서 개선을 하소연하겠는가. 어느 tv 토론 자리에서는 정치인을 지목하는 지적도 있었다. 일견 맞는 말씀으로 여겨진다. 지금 호남은 겨울가뭄이 극심하여 식수 걱정이 이만저만이 아니다. 다른 지역은 우리와 다르다는데 이 책임 또한 지역 정치인에게 응분의 책임이 있다. 저수량 확보를 위해 이에 맞는 사업을 실행에 옮기는 일이 정치인이 아니면 누가 하겠는가 정치인은 당선이 되면 갖가지 특권만을 누리는 특별한 사람이 아니다. 그중의 하나가 지역민에게 부족하지 않는 저수량 확보를 위해 정책을 세우고 현실에 맞게 실행에 옮겼어야 한다는 말이다. 물 부족 같은 문제는 얼마든지 예측가능한 일이고 이를 수행하라고 투표를 통해 정치무대에 올려 세운 것 아니겠는가.

광주에서 치를 국제적 행사를 앞두고 이에 맞는 장소를 점검하다 보니 무엇 하나 제대로 된 것이 없다. 솔직히 지금의 여건에서 우리 광주가 호남에서 그나마 행세하는 도시라지만 다른 지역의 도시와 비교할 때는 각종 인프라 구축에서 많이 못 미치는 수준이다. 이래서는 우리 광주가 어떻게 호남을 대표하는 지역문화의 선두주자라 할 수 있겠는가. 광주는 작금 대형 쇼핑몰 구축으로 한껏 부풀어 있다. 진즉 유치했어야 할 시설인데 이제서야 부산을 떠는 것도 만시지탄이다. 장소나 규모는 차치하고라도 제발 광주가 필요로 하는 시설물이었으면 하는 바람이다. 그리고 이 공간을 볼만하게 채워서 광주문화의 한 축을 담당하게 했으면 한다. 대형 행사는 물론 이에 수반한 쇼핑이나 식사, 숙소문제까지를 하나의 장소에서 해결 할 수 있어야 한다. 새로운 광주문화를 발전發展할 생산적인 대형 쇼핑몰을 꿈꾸어 본다.

얼리모닝 글로리

새벽은 내 호흡을 깊게, 길게 들이킬 수 있는 시간

새벽시간은 감미롭다. 이를 어떻게 전해야 할까. 새벽시간의 어두움은 저녁과는 다르다. 새벽의 어두움에는 상서로움을 감지할 수 있다. 하루의 무게가 내려앉은 어두움이 아니라 하루를 시작하는 기분 좋은 예감 같은 것 말이다. 졸음을 몰아내면서 새벽 공기가 코끝을 싸하게 지나가면 그 삽상함이란 내가 좋아하는 술맛하고도 다르다. 새로운 생명의 힘이 코끝을 타고 온몸으로 퍼져 들어오는 그런 느낌이랄까.

새벽에서 동이 틀 때까지는 누구에게도 양보하고 싶지 않은 나만의 시간이다. 주변은 대부분 잠들어있고 나만이 깨어 즐길 수 있는 시간이니 그래서 더더욱 오달지기도 하다. 아침이 되어 하루가 일상으로 진입할 즈음부터는 이미 그것은 나만의 시간이 아니다. 하늘이 나에게만 준 시간이라기보다는 함께 공유하도록 제공한 우리 모두의 시간인 때문이다.

새벽시간의 소중함이란 열거하기조차 벅찰 만큼 많다. 그 시간은 우선 내 마음대로의 시간이다. 맑은 공기 속에서, 고요함과 자유를 얻을 수 있고 만남이나 일에 구애받지 않는 내 본연대로의 소중함이 숨 쉬고 있다. 아파트 정원에 나가 아무렇게나 운동을 해도 남을 의식할 필요가 없고, 어깨를 벌려 심호흡을 해도 상관이 없다. 우리가 만물의 영장이라지만 호흡을 멈추면 5분도 못 버틴다. 그런대도 하루 중 호흡을 의식하며 사는 시간이 얼마나 될까. 새벽은 내 호흡을 깊게 길게 들이킬 수 있는 더할 수 없이 소중한 시간이다. 어쩜 까맣게 잊고 있었던 호흡을 새벽시간에 되찾았다는 더없이 값진 시간이다. 이른바 새벽만이 주는 혜택으로 조깅이라는 것도 해볼 수 있고 뒷걸음질하는 경보도 할 수 있다.

새벽시간에는 움직이는 사람들이 보인다. 새벽의 자유를 얻었다는 것은 하늘로부터의 시간을 깨우쳤다는 것이기도 하다. 새벽시간에는 헛된 생각, 헛된 행동을 할 수가 없다. 오늘 하루에 내가 해야 할 일을 점검하고 약속을 잊지 않도록 꼼꼼히 챙기는 시간이기 때문이다. 고요한 새벽시간은 하루를 구상하는 자유로 하여 동일하게 주어진 하루를 낭비하지 않고 활용할 수가 있다.

5시에 일어나면 하루에서 3시간을 더 활용할 수 있는 이점이 있다. 하루 중 3시간을 맑은 공기를 마시며 내 시간으로 확보하여 자유롭게 쓸 수 있다는 건 그런 의미에서 행복한 일이다. 정신적이거나 감정적인 에너지는 건강한 생활을 하고 적절한 동기가 부여됨에 따라 증가한다고 한다. 그 같은 정신력은 나이를 따라 증가해서 80대나 90대 나이에 피크를 이룬다는 사실이 더더욱 관심을 끈다. 그래서일까? 이 시간에는 밀쳐둔 독서를 할 수 있어 좋다. 나이가 들어가다 보니까 이른바 양서라는 것만을 골라 읽을 수도 없다. 때로는 보내 온 책도 읽어야 하고 밀린 원고도 써야 한다. 이럴 때 허둥대지 않고 차분하게 써지는 게 새벽시간의 원고이다. 보통의 사람들은 잠이 들어 있는 시간인데 나만이 원고지 칸을 메워가는 재미는 왠지 모를 뿌듯함이 있다.

저녁 시간까지 수행할 일은 얼마든지 널려 있다. 모임도 많고 술 마실 일도 많다. 그런데 새벽시간에 대한 원칙이 서면 저녁 시간도 말끔히 정리가 된다. 새벽시간을 이용하는 감미로움 때문에 저녁에는 일찍 잠자리에 든다. 건강상 좋지 않다는 술도 멀리한다. 건강이 상한 이후에야 깨달은 것이지만 새벽에 일어나는 습관은 해쳤던 건강이나 밀렸던 독서를 원상회복할 수 있는 중요한 시간이라 하겠다.

어디선가 새벽기도 소리가 들린다. 이른바 새벽에 누군가 일어나서 기도를 올리고 있다. 그것도 몇십 년을 두고 새벽기도를 했을 것이다. "어제의 허물을 벗게 해주시고 새것으로 시작하게 해 주십시오."라고 새벽 시간에 촛불을 켜고 기도를 드리는 사람이 있다면 그 자체로 얼마나 아름다운가. 그리고 그 기도 소리를 음악처럼 들을 수 있다면 듣는 사람 또한 얼마나 행복할까. 그런 기도 소리는 새벽만이 주는 하늘의 뜻일 것도 같다.

새벽은 나에게 하루의 시간에 여유를 주고 정의를 준다. 육체적 건강뿐만 아니라 정신력 회복까지도 보장받는 새벽시간은 그런 의미에서 하늘의 영광이 땅에서도 이루어지는 그런 시간이 아니겠는가.

AI산업과 광주의 선택

문화와 예술과 스마트 농업에 집중해야

문화칼럼을 쓰면서 생각한 것이지만 경제나 기술 세계는 문화 분야와 구분 지으려는 사회현상에 대해 적이 놀랄 때가 있다. 먹고살기도 힘든데 무슨 문화 타령이냐고 힐책까지는 아니라 해도 정치인이나 정책 입안자나 일반 시민까지 이 같은 일에 부정적으로 가세하는 동향 또한 우려스럽다.

최근 들어 강의를 듣거나 데이터를 접하거나 하면서 대한민국의 성장에 종말이 오고 있는 것은 아닌가 하는 걱정이 든다. 오천 년 이래 지독한 가난에다 침략당하고 억눌려 살다가 어느 때부턴가 급격한 경제성장으로 국력의 신장이 몰라보게 달라졌고 K-파워가 전 세계를 석권하는 마당에는 자랑스런 맘이 이만저만이 아니다. 꿈같은 현상에 취해 현실과 미래를 혼동하지 않았나 하는 생각마저 들고 계속 잘 나가겠지 하는 낙관론에 젖기도 한다. 그러나 코로나19 직전까지 한국경제는 2012년부터 이상신호를 감지한 것으로 나타나있다. 2015년부터 OECD 국가 중 한국이 하위권으로 쳐지기 시작하여 다른 국가들보다 빠르게 하락하는 지표를 보인 것이다. 다시 말해 한국 경제 성장률이 세계 성장률과 격차가 커지고 있다는 말이다.

물가 상승이나 아파트 거래 침체 등에서 3년 이내에 건설업계는 초토화될 것이란 진단이 나왔고 서서히 그 조짐이 나타나고 있다. 고금리, 고물가, 고환율로 2023년 한국경제의 현주소는 암울하고도 불확실하다. JP 모건은 '먹구름 수준이 아니라 허리케인이 몰려온다.'고 말한 바 있다. 이리되면 광주는 무엇을 해서 먹고 살까. 뉴 노멀로 불리는 '새로운 질서'에 익숙하기 위해 노심초사 이에 대비하는 공부부터 해야 한다. 광주의 여러 조건을 진단하고 먹거리를 무엇으로 할 것인가부터 살피는 일이다.

광주는 목하 AI 도시이다. 이에 따른 예비 타당성 조사를 면제받고 제일 먼저 AI 중심도시로 선포한지 3년이 되었다. 그 이후로 AI 연구개발을 위한 에너지, 헬스 케어, 자율 자동차 등에 실증시설 인프라 구축에 박차를 가하고 있다. 문제는 '지속 가능한 광주

발전의 혁신사업을 어떻게 조성할 것인가.'인데 문제는 의욕과 현실이 반비례한다는 사실이다. IT 계열의 선도 기업들이 경기도에 대거 몰려있는데 우리 광주가 이들마저 독식하려고 덤비는 것은 무리이다. 김준하 인공지능 산업융합사업단장은 챗 GPT로 작성한 취임사에서 "세계가 주목하는 AI 벨리를 조성" 하겠다고 기염을 토한 바 있다. 여기에는 데이터 활용이 관건인데 스타트업 글로벌 기업의 참여도 좋지만 스타기업만 쫓다가는 허공이나 휘젓는 꼴이 될 수 있다. 실증 테스트 베드가 갖추어져 있다 하여 모든 산업을 담아낼 수는 없다. 판교 벨리도 있고 경기 인천특화 단지가 잠자고 있는 것도 아니다. AI 주도권을 놓치지 않으려면 광주가 이들 모두에 뛰어든다는 전제보다는 '광주가 유일하다'는 현실 직시가 우선한다. 문화와 예술과 스마트 농업에 집중할 수 있는 곳은 광주밖에 없다는 것을 알려야 하고 어떻게든 자율주행 차량도 광주로 오게 해야 한다.

답변 잘하는 챗 GPT의 등장으로 세상이 요동 치고

있다. 요컨대 질문을 던지면 0.1초 만에 답변을 들을 수 있다. 챗 GPT가 광주의 먹거리를 무얼로 제시했을까. 광주는 한시도 문화중심도시임을 망각해서는 안 되는 도시이다. 이런 터에 챗 GPT 활용은 두루 해당되는 것이지만 광주문화의 경쟁력 또한 고유의 특색을 담보해야 한다. 챗 GPT 세상은 마치 도둑이 온 것처럼 소리소문도 없이 온 세상을 덮치고 있다. 거절할 수 없는 새로운 AI 데이터가 질문마다 자율로 답변하는 세상이 된 것이다. GPT3는 1750억 개 매개변수로 답변한다는데 GPT4는 100조개의 매개변수라는 예측이 나왔으니 미래가 어디까지 나갈 것인가는 상상조차 어렵다. 다행인 것은 챗 GPT는 시니어에게도 쉬운 작동이어서 활용하는 데는 밀리지 않을 것 같다. 명색이 AI 도시 광주에서 광주만의 로드맵이 없다면 AI 집적 단지는 고물상에 불과할 것이고 광주만의 문화 특색은 이내 증발할 것이다. 무등산 산록에 위치한 신양파크 건물이 용도결정이 안되어 빈 건물로 방치하고 있다. 그러나 여기에다 광주문화의 미래를 담는 '문화발전소'를 추천하고 싶다. 그리 만 되면 누이 좋고 매부 좋은 발상에다 어차피 생성 GPT는 인간의 고유 영역까지 밀려들 것이다. 그중 챗 GPT로 활용하는 광주가 문화와 예술창작에서 광주만의 먹거리로 집중하자는 제안 또한 현실이 되는 것은 시간문제다.

동요가 안 들리는 나라

"동요 부르기" 대회라도 열어볼까?

눈치 빠른 독자라면 0.78이 무슨 말이고 대한민국이 지금 어떤 상황에 있는지를 알 것이다. 0.78은 현하 대한민국 최대의 재앙을 상징하는 출산율 숫자이다. 부부 2명에 1명도 아닌 0.78이라니 인구 소멸로 가는 직행 수치라 하겠고 부끄럽게도 세계 제1에 등극한지 오래다. 이 같은 숫자 앞에서 우리에게 더 이상의 미래는 없다고 단언한다. 어린이집, 유치원이 부지기수로 문을 닫고 국공립 유치원이 소규모 병설 유치원으로 통폐합되는 상황이다. 초등학교 학생 수가 가파르게 급감하고 있다. 동구에 있는 서석초등학교를 보면 실감은 더욱 커진다. 1960년대에는 한 학급당 학생이 60명부터 80명이었다. 그리고 한 학년이 20학급을 넘나드는 대형학교였다. 교실이 부족해서 오전 오후로 나누고 2부제 수업까지 해야 했다. 어림잡아 전교 학생 수가 8천 명쯤은 되었던 것이다. 아시아에서 학생 수가 제일 많은 학교라고 일컬어지기도 했다. 점심을 먹고 나면 학생들이 운동장에 가득 찼으니 친구라도 만날라치면 철봉대 밑이라든가 등을 정해서 약속을 해야만 했다. 그러던 학교가 지금은 전교생이 고작 140명이다. 차이가 나도 이렇게 달라질 수가 있을까. 도심에 있는 중앙초나 수창초도 현상은 마찬가지다. 물론 아파트 단지가 아니라는 이유만으로는 설명이 되지를 않는다. 그 숫자는 급기야 중학교, 고등학교로 이어지고 대학도 위기감은 하루가 다르게 커지고 있다. 사람이 있어야 물건을 만들고 산업현장을 일굴 터인데 대책없이 시간만 가고 있다. 산부인과나 소아과 병원도 속속 문을 닫아가고 있다. 애들이 있어야 병원을 유지할 텐데 절대 자원이 바닥인 것이다.

지금 젊은이들은 결혼은 선택사항이라고 한다. 허지만 그 선택은 자신들만 살아가겠다는 참으로 이기적인 선택이다. 반대로 결혼하니까 살만하다면 살맛 때문에라도 결혼을 할 것이다. 애를 낳아서 키워보니 살만한 세상이 보이기 시작했다는 것 말이다. 사람이 태어나서 세 가지의 할 일이 있다고 한다. 말인즉슨 나무를 남기고 책을 남기고 아이를 낳아 기르는 것이 그것이다. 나무는 깨끗한 지구환경을 의미하는 것이고 책은 인간의 역사가 그 속에 포함되어 있다. 그러나 나무와 책이 있어도 사람이 있어야 비로소 의미가 있다. 사람이 없는 세상에 책과 나무만 있다면 무슨 소용이겠는가. 사람이 사람을 만든다는 건 지극히 자연스러운 일이다. 그럼에도 불구하고 저출산이라는 국가적 위기는 여전히 가파르다.

어린이는 귀한데 어떻게 키울까 하는 것부터가 화두다. 이 중 하나가 동요 부르는 어린이가 없다는 것인데 매년 맞는 5월 어린이날에도 외화내빈의 행사장이나 축제마당만 보일 뿐이다. 운동장에 빽빽하게 뛰놀던 시절에 어린이들은 동요를 부르며 건강하게 자랐다. 반달/고향의 봄/섬집아기/비행기/퐁당퐁당/옹달샘 등등. 동요는 어른이 되어서도 마음이 움직인다. 오월의 신록을 보듯 풋풋한 그 무엇이 살아있기 때문이다. 아동문학은 희망의 문학이며 아이들에게 되돌려주어야 소중한 자산이다.

지금의 어린이는 동요에 접하기도 전에 트로트에

익숙한 세상이 되어버렸다. 동네방네 골목길을 누비면서 동요를 부를 나이에 사랑타령, 이별 타령을 트로트로 불러대니 북한 아이들을 보는 것처럼 섬뜩하다. 동요를 부를 나이에 죽자 살자 트롯에나 젖어 지낸다는 게 말이 되는가. 아이들이 입으로 동요를 부를 때 진정 사회는 맑아지고 밝아진다. 귀하디귀한 우리 어린이가 동요를 부르며 마음껏 뛰놀았으면 좋겠다. 그런 의미에서 출산율 0.78은 끔찍한 재앙의 상징이다. 2006년부터 2021년까지 저출산을 해결하겠다고 280조를 쏟아 부었다는데 결과는 이리 참담하다. 하루 빨리 사람이 사람을 만들어가는 자연스러움을 회복해야 한다. 저출산의 극복은 뚝딱 정책이 아닌 긴 호흡의 장기대책이 필요하다. 그 방법 중에 하나가 인간성을 회복하는 동요 부르기라면 너무 소박한 생각이라 할 것인가. 저출산의 이유는 고급아파트, 좋은 학벌 등 경쟁사회를 강조하다보니 정서적 친밀성이 무너진 데서 기인한다는 전문가의 진단이다. 가족의 본원적 가치나 정서적 가치를 잊고 있다는 게 한국의 행복순위가 OECD국가 중 꼴찌가 되고 있다는 부끄러운 기적 아닌 기적이다.

후배들이 바친 출판 기념회

진정한 시인, 진정한 인간, 진정한 의사인 "진헌성"

세상사에 관심을 두고 접하면 숨쉬기나 제대로 될까 싶을 때가 있다. 대한민국이 잘 되려고 이러는지 나락으로 떨어지려고 이러는지 그 누구도 알 수 없는 세상이다. 하루도 평안하지 않는 어지러운 세상인 것은 분명하다.

이런저런 생각 속에 우리는 문화도시 광주에서 볼만한 노시인의 출판기념회를 자랑스럽게 치렀다. 아시는 분은 아시겠지만 그 옛날 도청 앞 가까이 지금은 아시아문화전당으로 변했지만 광주 '진내과' 의원이 개업되었고, 그때가 1970년이었으니까 횟수로 보자면 50년도 훌쩍 넘었다. 진헌성 박사님이시다.

진 박사님은 처음부터 의사는 아니었다. 전쟁이 한창이던 1951년 광주 사범학교를 나와 초등학교 선생을 하셨다. 그러다가 뜻을 달리하여 전남대 의대로 들어가 의사가 되셨다. 의사이면서 한편으로 전남대 의대 교수 역할까지 겸했다. 그러다가 별도 병원 '진내과'로 개업하여 의료계에 선풍을 일으키신 분이다. 환자 진단과 치료에 능하시고 광주에서 초음파 의료기를 처음 도입하여 진원장님에 대한 신뢰가 더 쌓여갔다. 진내과와 인연을 맺은 환자나 처방인은 몇십 년을 두고 주치의로 모시고 산다. 의사로 성공한 박사님을 언급하고자 한 것은 아니다. 박사님은 문학을 하신 것이다. 시를 쓴 것이다. 시집 한두 권 내는 정도가 아니다. 받아보면 정말 무지무지하게 두꺼운 시집 『진헌성 시집』이름으로 16권을 내신 것이다. 시전집 16권까지 쓰신 시가 13,178편으로 기록되니 이것이 한 개인이 할 수 있는 능력일까 싶다.

그 유명한 호메로스 일리아스가 1만5천행이고 오디세이아가 1만2천행으로 문학에서 최고이며 최대 서사시로 알려져 있다. 진박사님은 행이 아니라 1만3천백7십8편이니 그 분량에서도 세계적인 서사시와 비교도 안 된다. 문학은 인생 말년에 늦게 선택해도 좋고 어떤 예술장르보다 세상에 태어나서 섭렵하는 보람을 안겨주는 장르이다. 박사님은 문학을 말기에 하신 것이 아니다. 69년이나 70년에 이미 시집을 내셨고《현대문학》에 등단하고 다형 김현승 선생의 추천을 받았다. 정말 줄기차게 시를 쓰시고 전집을 내셨다. 그 묵직한 시집을 받아보면 웬 보물인가 싶어 책장에 보관하게 되어있다. 문학은 다른 장르와는 다른 용광로 같은 힘이 있다. 국민 행복의 종착점은 창성한 문화에 있다는 생각이 문득 들었다.

우리만큼 역사적으로 고난이 많은 나라나 민족에 대하여 인간의 고뇌를 문학으로 표출하신 것이다. 박사께서는 스스로 '이웃집 장맛도 모르면서 세상을 안다고 시를 쓰며 시인이란 이름을 이마빡에 내거니 쑥스럽다. 나는 사실, 무담시 떠있는 뜬구름격, 거미의 씨줄과 날줄만도 못한 글을 더 벌려대서 한스러워 회초리 날말로 종아리를 치고싶다.'고 제 12시집에서 말씀하신다. 박사님은 문학에 대하여 체계적 공부를 아니하셨다 하더라도 소위 공부했다는 학자나 작가들에게 한없이 놀라운 문학세계를 보여주셨다.

김은전 서울대 명예교수 말씀 따나 '해일에도 견줄만한 엄청난 분량'에다 '초인적 능력'에다 '이렇게 많은 시들이 제각기의 표정과 목소리를 가지고 독자에게 말을 건네고 혹은 대답을 들으려'하여 훌륭하게 읽힌다는 것이다.

그렇다. 우리는 광주에서 진정한 시인을 만났고 진정한 인간을 만났고 진정한 의사를 만났다. 이렇게 기쁜 출판 기념회가 또 있을까 싶다. 본인은 극구 사양했지만 후배들이 이제는 감히 원로시인이신 진헌성 박사님을 기리기 위해 모두가 자발성으로 이루어진 자리라는데 그 뜻이 높은 것이다. 특히 김종 시인은 '진헌성 시인의 시문학적 개괄과 성과'를 말씀하시면서 '진헌성은 광대무변의 하늘이고 별무리를 가득 넣어 놓은 광막한 덕장이다. 진정 진헌성이라는 가객이 쏟아낸 별무리들로 아름다운 자리에서 오래도록 반짝일 것'이라는 강론이 귀에 쏙 들어왔다.

이어서 김준태 시인이 '진헌성 시인과의 55년'을 회고하면서 수많은 만남의 에피소드와 문학정신을 시간상 다 말 못 하는 아쉬움의 토로는 오히려 울림으로 남았다. 제16시집의 제목이 함축이라도 하듯이 《잘 살고 갑니다》는 사람에 따라 여러 해석을 남게

하였다. 광주에 내로라하는 분들 짧은 축사도 좋았고 내로라하는 시낭송가들이 낭송 물결이 넘쳤고 특히 전숙 시인은 재치 있는 낭송으로 제17시집 '나 진헌성 아직 잘 살고 있습니다.'라고 제목까지 붙여 진박사님의 만수무강을 은유하는 대목이 대미를 장식하였다.

5·18이 꿈꾼 미륵세상

5·18은 미륵세상을 꿈꾸어온 동학이
불퇴전의 궐기로 표출된 것

5·18 당시, 젊은 세대가 이제는 6, 70대가 되었다. 세월이 40년을 넘겼으면 그 상처가 아물고 미래를 향하여 새살이 차고 새 생명을 키울 만한데 5·18은 여전히 '현재진행형'이다. 한세대를 30년으로 봤을 때 세대교체가 되고도 남는 세월인데 말이다. 지금의 20대에게 5·18을 물으면 구체적 사건이나 정황을 알 리가 없다. 그럼에도 5·18이 끝나지 않은 이유가 뭘까. 5월이 오면 시민들은 묘소를 찾고 매스컴은 특종으로 다루고 정치권은 여와 야 가리지 않고 추모 행렬에 들어선다. 대한민국 국가는 영원할진대 우리 국가를 꾸려가는 한 5·18은 계속될 것이다. 왜 그럴까. 필자는 역사적 근원에서 묻고 그 답을 찾아봤다.

얼마 전 충청도에 갈 일이 있어서 일부러 부여를 찾게 되었다. 부여가 어떤 곳인가. 백제의 마지막 수도였고 의자왕이 이를 지키려고 생사를 걸어 고군분투했던 곳이다. 백제는 1세기경 만주의 고대국가 부여에서 비류나 온조 등의 세력에 의해 창건된 후 700여 년 가까이 유지해 왔다. 필자가 부여를 찾았던 건 10대 후반일 때 무전여행으로 낙화암을 둘러봤던 추억을 더듬어 보기 위해서였다. 그런데 기대감이 너무 컸던 탓일까. 한마디로 부여는 총체적 실망이었다. 부여읍이 市로 승격된 것도 아니고 그 어느 곳에서도 활력을 찾을 수가 없었다. 대한민국은 세계로 잘도 뻗어가는 데 부여는 딴나라처럼 적막했다. 더는 볼 게 없어서 녹두빈대떡에 막걸리 몇 잔을 걸치고 쓸쓸히 빠져 나와버렸다.

또 얼마 전에는 익산의 미륵사지를 찾을 기회가 있었다. 미륵사지는 그 규모로 봐서 동아시아 최대를 자랑하지만 그 또한 무슨 소용인가. 백제는 자신들이 멸망해가는 것을 알았을 것이고 그래서 마지막에는 미륵에 의지하여 매달렸을 것이다. 미륵은 미래의 부처인데 이를 희망 삼아 나라도 사람도 구제하려는 거대 소망을 담아서 궁전도 새로 단장하고 마지막 결전을 펼쳤을 것이다. 그러나 미륵사의 이름은 역사에서 사라지고 주춧돌만 남게 된다. 마한의 전라도는 백제에 귀속되지 않고 상당히 저항하였던 역사적 기록이 나오지만 백제에 밀려났고 백제는 다시 통일 신라에 밀렸고 고려에 와서는 '훈요 10조'에 밀렸다. 그리고 근현대에 와서는 영남 세력에 밀렸다는 평가에 접해 있다.

그래서 다시금 몸을 일으킨 사건은 동학혁명이다. 동학은 경상도에서 발원했지만 그 꽃은 전라도에서 피웠다. 전라도 사람 반 이상이 동학에 가담했고 동학을 모르면 조선인이 아니라고 할 정도였으니 그 열기는 짐작하고도 남음이 있다. 동학은 서학에 대립된 것이니 진정 우리 것이라는 단정이 가능하다. 동학은 지배층의 착취와 농촌 경제 파탄과 자본주의 열강들의 침략에 대한 자동반감으로 이루어졌다고 봐야 한다. 그때 '정감록'이 널리 유포되고 미륵신앙 등 반봉건적 민중사상이 확산되었던 것이다. 그리고 그 근원은 모두가 하늘에서 비롯된 것이라 밝혔었다. 동학은 인본주의를 바탕에 깔고 인간평등과 사회개혁을 주장했기에 가는 곳마다 민중의 호응을 얻을 수 있었다.

동학농민운동이 패배를 하고 전봉준 장군이 처형당한 전투가 우금치 전투이다. 말이 전투이지 농민 학살이나 다름없었다. 2만 명에 이르는 대군이 신식무기로 맞선 일본군에 의해 추풍낙엽의 신세를 면할 수 없었고 그 주검의 숫자가 산을 이루었다고 하니 그때의 참상을 헤아려 무얼하겠는가. 아무리 이념이 훌륭했어도 죽창 따위로는 신식무기를 당할 수가 없었으니 비교가 안 되는 전투를 두고 누구를 원망해야 할 것인가. 그때의 비참한 최후로 곰나루 계곡의 핏물이 6개월을 흘렀다고 한다.

다수의 전라도 민중이 이리 잔인하게 당한 것이고 광명의 역사, 미륵세상을 꿈꾸며 맞선 결전의 결과가 이리도 참혹했던 것이다. 동학 때 참여자는 전라도 사람이 대부분이었고 그 뒤에 항일의병 참여자 중에도 전라도 사람이 가장 많았다고 한다. 전라도는 광주학생의거, 3·15와 4·19의 선봉에 있었고 5·18로 이어진다. 긴 역사를 볼 때 전라도는 당하고만 살아온 아픔의 세월이었다. 저항을 한다는 것은 목숨과 재산을 걸어야 할 사생결단의 고통을 수반한다. 그러기에 전라도는 항상 사람 사는 더 좋은 세상을 꿈꾸었던 것이다. 5·18은 미륵세상을 꿈꾸어온 동학의 착한 의미가 불퇴전의 궐기로 표출된 것은 아닐까. 동학을 한국의 '풍류'인 '바람의 물결'이란다면 5·18은 한국이 쌓아올린 자유민주의 신성한 보루는 아니었을까.

'우리의 소원'은 지금도 통일일까!

이국二國시대 한반도를 지혜롭게 유지하자

6월은 6 · 25에다 현충일이 있는 보훈의 달이다. 또한 보훈처가 국무위원 장관급인 보훈부가 되어 대한민국을 지키며 산화한 영령들에 대한 예우를 국가가 더 각별히 하겠다는 의미를 부여했다. 우리는 지금까지 '우리의 소원은 통일 꿈에도 그리던 통일, 통일이여 어서 와라'며 통일의 꿈을 키워온 세월이었다. 초등학교 어린 시절이지만 이 노래를 부를 땐 왠지 가슴이 뭉클하고 언젠간 통일을 반드시 이루겠다는 각오 같은 것이 일어나곤 했었다. 지금도 이 노래가 불리는지는 잘 모르겠다.

1950년의 한국전쟁 3년은 수백만 명의 주검과 부상 그리고 천만 이산가족이라는 비극을 만들어냈다. 당시 인구가 삼천만 명 정도였으니까 국민의 3분의 1이 이산가족인 셈이다. KBS가 1983년 생방송으로 진행한 이산가족 찾기 열풍은 민족적 호응을 받으며 뜨겁게 달아올랐다. 연일 한 맺힌 사연이 TV를 통해 봇물처럼 쏟아져 나오고 이를 시청하는 국민들은 자신의 슬픔처럼 함께 울었다. 민족적 비극이 만들어낸 현대판 최대 서사시였다. 1965년 신영균, 최무룡 주연의 영화 '남과 북'의 주제곡으로 '누가 이 사람을 모르시나요.'를 이산가족 찾기 현장에서 불렀을 땐 전 국민이 함께 울었다. 이어서 히트한 노래가 설운도의 '잃어버린 30년'이었다. 덕분에 설운도는 무명의 설움을 벗고 일약 스타가 되었다. 138일을 생방송으로 진행한 이 프로그램은 유네스코 세계기록 유산으로 등재되는 진기록까지 낳았다.

지금도 통일은 국가적 소원으로 계속되고 있다. 그럼에도 지금의 국민은 통일이 그렇게 절실하지가 않다. 시대가 많이 흘렀고 국력 또한 달라진 탓이다. 대한민국은 비약했고 세계무대에서 우뚝해졌다. 한편으로 북한은 우리가 살아가는데 걸림돌이 된다는 국민적 생각이 슬슬 자리를 잡아가는 형국이다. 우리는 수출도 정보화도 언론도 두루 괄목상대하다. 능력만 있으면 인간이 누릴 수 있는 모든 성공을 하루아침에 거머쥘 수도 있다.

어느 날 우리 한반도에 도둑이 든 것처럼 갑자기

통일이 될까. 이는 참으로 어려운 일이다. 정치체제라는 게 굳어져 버리면 지속되는 속성이 있다. 국민은 그 자체로는 권력체제를 개조할 수 있는 힘이 없다. 더군다나 사회주의 국가인 북한은 지금으로는 그 어떤 기대마저 불가능하다. 더군다나 미국과 중국의 패권 틈바구니에서 한반도 통일이 우리의 의지대로 될 턱이 없다. 최악의 경우 한반도에서 대리전을 치르면 치렀지 우리가 바라는 통일이 녹록치 않은 까닭이다. 남과 북은 양쪽의 정치적 셈법이 다른 나라이다. 민영돈 전 육사교장은 '북한은 우리의 적'이라고 북방 정책을 비판하다가 옷을 벗었다. 당시 노태우 대통령은 '북한은 우리의 적이 아니라 동반자'라고 하여 상황의 만회를 노렸었다. 그때 전방의 군인들은 북한이 적이 아닌데 겨울에 동상 걸리고 여름에 모기 뜯기면서 왜 총을 겨누고 싸워야 하는 것인가에 심한 회의를 겪었다고 한다.

오늘의 남한은 BTS와 블랙핑크 음악에 지구촌이 열광하고, 반도체와 휴대전화, 자동차가 불티나게 세계로 세계로 팔려나간다. '기생충', '미나리'가 아카데미상을 받았을 땐 덩달아 노래, 드라마, 화장품, 음식 등 'K'가 붙은 문화상품이 각광을 받았다. 시점을 같이 하여 보리스 존슨 전 영국총리 등 세계 지도자들은 한국이 가장 성공한 민주 국가 중 하나가 되었다고 치켜세웠다.

식민지 시절, 우리는 나라를 되찾는데 모든 걸 바쳐야 했다. 전쟁이 났을 땐 조국을 지켜야 했고 굶주렸을 땐 잘 살기 위해 뼈를 깎았고 민주주의를 쟁취한다며 피를 흘렸다. 그 결과 우리는 지금 '단군 이래 가장 풍요로운 시대'를 살고 있다. 하드파워와 소프트파워를 합친 우리의 국력은 지금이 절정이고, 이내 하향 곡선을 걱정하고 있다. 인구학 분야 세계적 권위자는 한국의 출산율이 계속 이대로라면 2050년에는 민족 자체가 소멸할 수 있다고 경고한다.

풍요의 한국과 위기의 한국은 동시에 존재하며 북한을 챙기면서까지 통일을 이룩할 절실함에 회의를 갖고 있다. 통일신라 이후 1300년간을 한반도 통일이었지만 분단 또한 70여 년을 넘어서고 있다. 주적 북한을 두고 감상적 통일에 대한 회의가 커진 까닭이다. 이제 통일의 추진은 외교 전략이 우선해야 한다. 통일신라 이전에는 삼국시대였고 지금의 이국시대 한반도를 지혜롭게 유지하자는 의미가 그것이다. 시민들에게 통일이 좋을까를 물어보면 별무관심이라는 시큰둥한 반응이다. 2022년 우리의 GDP가 북한의 58배인 것이 그 이유이다.

4

홍익인간으로 가는 길이 어려운가

대마도에서 만난 면암 최익현!

을사늑약에 정면 반박한 대표적인 성리학자이자 선비

대마도對馬島는 마한을 바라보고 있다하여 그리 작명되었다는 가설은 우리를 통쾌하게 한다. 대마도는 부산에서 50km쯤에다 쾌속정으로는 1시간이 조금 더 걸리는 거리이다. 그런데 일본 본토 후쿠오카에서는 130km이고 2시간을 훨씬 더 달려야 닿는 거리이니 지리적으로도 우리와 가깝고 산세 또한 우리와 일치한다. 다만 지리지형상으로 평지가 좁고 산지가 많다는 특징이 있다. 밝은 낮에는 부산에서도 대마도가 육안으로 관측될 정도이고 대마도에서 밤 시간에는 부산의 환한 불빛을 볼 수 있고 부산의 불꽃놀이도 감상할 수 있다 한다.

대마도는 그들의 자국임에도 거의 찾지 않은 섬이다. 허지만 우리 한국 사람들은 대마도를 이웃집 드나들듯 찾는다는 것. 독도는 당연히 우리의 땅이지만 대마도 또한 우리의 영토가 될 뻔한 땅이었다. 아니 엄밀히 말하자면 우리의 국토라는 표현이 더 맞을 것이다. 우리네 역사에서 대마도는 오랜 세월 별로 달갑지 않는 기록이 더 많이 보유된 곳이다. 주로 전쟁으로 점철된 땅인데 나당 연합군에 맞서기 위해 이곳에 백제와 왜의 동맹군이 만든 쓰시마 카네다성이 있고 원나라의 공격을 당한 곳이기도 하다. 조선조의 세종은 이종무 장군에게 이 섬의 정벌을 명하기도 했고 임진왜란 때는 대마도가 조선 침공의 발판노릇도 했었다. 러일전쟁 때는 직접 교전지역이면서 일본의 승리로 한국에 고통을 준 아픈 지역이기도 하다. 어쨌든 대마도는 우리와는 제일 가까운 일본이어서 외국임에도 외국여행 맛이 나지 않는 곳이다. 지금은 자국보다는 한국 관광객이 주를 이루는 통에 우리와 더 긴밀한 공동경제지역이라고 할 정도이다.

대마도 인구는 3만이 채 안되지만 2018년에 다녀간 한국관광객은 41만 명이나 된다. 그런 관계로 한국과 일본 사이가 순조롭지 않으면 대마도는 울었고 관계가 좋아지면 대마도는 웃는다는 말이 있다. 대마도에서 한국인이 찾는 주된 관광지는 카네이스[金石] 성터이거나 '덕혜옹주 결혼봉축비'이다. 허지만 이들의 역사를 제대로 인지하면 그 내용에서 민망한 부분이 많다. 관광 가이드는 이를 잘 안내하지 않는 형편이고 대마도! 하면 무엇보다도 면암 최익현 선생을 떠올리게 된다.

가짜 뉴스가 판치는 요즘의 팬덤 정치에서는 면암 같은 정신력의 우국지사가 우리를 지키는 기준이 되어야 하기 때문이다. 면암은 불의한 일에는 절대로 소신을 굽히지 않는 이 나라 최후의 선비였다. 유념할 것은 면암은 평생에 유배를 3번이나 당했다는 사실이고 1833년 경기도 포천 출신으로 불의와 부정에 대한 강직성은 그 누구도 범접할 수 없는 분이었다. 대원군의 서원철폐를 비판하고 상소를 올려서 그의 정치적 실각의 계기를 만든 분도 면암이었다. 하지만 면암은 이것이 빌미가 되어 제주로 유배를 간 것이다. 제주도 유배에서 면암은 소백小栢 안달삼 선생을 만나 학문적 교분을 쌓았고 후일 순창 거병의 발판을 마련한다.

다음 해에는 명성황후 정권이 일본과의 통상을 논

의하자 이의 불가함을 역설하다 흑산도로 두 번째의 유배가 내려진다. 1904년 러일 전쟁에서 일본이 승리하고 이듬해에 을사늑약이 체결되자 포고문을 올려 항일투쟁을 호소하며 납세거부, 철도이용 안 하기, 일본상품 불매운동 등을 전개한다. 그리고는 74세의 고령으로 전북 태인을 중심으로 호남의병을 이끌고 순창에서 사력을 다하여 대항한다. 그러다가 일부러 전투를 져주고 잡혀가는데 이유는 조선 관군과의 싸움은 우리 민족끼리만 피해를 본다는 것이고 이로 하여 자진 체포되고 대마도에 유배되었다. 이때 21명이 그 뒤를 따랐는데 그중에는 대한민국 초대 대법원장이 된 김병로가 있었다.

대마도 유배지에서 제공하는 식사는 일본이 주는 것이라 하여 일체를 거부하였다. 그리고 3개월 후에 병으로 세상을 떠나게 된다. 대마도 소재의 수선사修善寺는 백제 때 비구니 법명法明이 지었다는 조그마한 사찰이다. 이 절에는 최익현 선생의 초상화가 모셔졌고 조그만 마당에 '대한인 최익현선생 순국지비'가 우뚝하다. 선생의 초상화는 궁중화가 채용신의 작품인데 그가 탤런트 채시라의 고조부라고 한다. 우리는 면암의 비를 보고 울컥한 맘으로 묵념을 했다. 최익현은 을사늑약에 정면 반박한 대표적인 성리학자이자 선비였다. 최익현은 백척간두의 조국을 생각하며 고종과 대원군에게 상소를 올리고 거병을 하는 한편 자신의 온몸을 던져 국가를 지키려 했다.

최익현의 유해가 부산에서 논산까지 15일간을 이동하였는데 조선민중이 연도에 나와 모두가 울었다 한다. 지금은 대마도를 찾는 관광객조차도 수선사의 최익현을 지나치기가 일쑤다. 그러나 오늘의 대한민국은 최익현이 있어서 가능했다는 사실을 결코 잊어서는 안 된다. 필자는 이 자리를 빌어 대마도는 면암 '최익현의 섬'이라고 감히 말하고 싶다. 그리고 선생을 뵙기 위해, 아니 대한민국의 창성한 미래를 위해 대마도의 수선사 문턱은 하루가 다르게 닳아져야 한다.

덩실한 대한민국을 위하여

역사를 잃은 나라에는 미래가 없다

교육의 개조나 혁신이 대한민국의 미래에 얼마나 중요한가를 새삼 생각하는 요즈음이다. 세계무대에서 한국의 국력은 자타가 인정하는 수준이다. 그만큼 우리의 성장은 눈부시다. 분단된 지 75년이건만 대한민국의 그간의 세월은 기적이라는 표현이 마땅할 만큼 그 성과가 괄목상대하다. 한국전쟁 당시 우리의 1인당 GNP는 65달러였었다. 그랬으니 그 시절 우리는 옥수수가루나 우유가루라도 배를 채우는 것이 감지덕지하던 때였었다. 1960년 이래로 거듭된 우리의 고도성장에 이어 지금은 무역순위 8위에 수출력 6위, 군사력 6위 등을 기록하며 세계 10위권의 경제대국으로 급부상했다. 산업화와 민주화가 이루어낸 기적적 결과이며 이제 우리는 세계가 주목하는 원조공여국이 되었다.

대한민국은 풍요로운 반면 위기 또한 존재하는 나라이다. 여기에다 경제지표는 줄곧 하향곡선을 예고하고 있다. 한국의 출산율이 세계 꼴찌여서 인구소멸의 공포감 또한 여기저기서 일어나고 있다. 교육현장에서는 학생 수의 감소로 학교의 미래 또한 걱정스럽기 이를 데 없고 유치원생을 '노치원'이 대신하고 있다. 아기출산으로 겨우 유지되고 있는 산부인과 병원은 거의가 문을 닫는 추세이다. 인구소멸에 따른 총체적 어려움이 세계적 추세 이전에 정책적 잘못에 있다는 시각이 지배적이다.

선출직 정치인은 표로 판가름하기에 선거 때는 당연히 당선을 지상 목표로 한다. 그래서 시시각각 눈코 뜰 새 없이 급하게 돌아가는 판이다. 우선 그들의 눈에는 장년이나 노년의 표가 중요하다보니 선거권이 없는 유아나 학생 세대에는 그다지 관심이 클 수가 없다. 그러는 사이 우리가 세계 최고의 노인복지의 천국이 되었다. 노인이 되면 각종 혜택은 말할 것도 없고 먹을 거 말고도 무슨 무슨 이유를 붙여 관광성 선심으로 표를 만들어간다.

그러다보니 출산율이 젊은 사람들에게는 별의미가 없게 되고 출산한 아이 또한 노인처럼 교육, 주거, 환경에서 복지가 보장되면 안심하고 아기를 낳지 않았을까. 내 자신도 불안한데 아이까지 딸리면 불안은 더욱 커진다는 생각에서 아이를 낳지 않게 된 것이다. 대한민국의 미래는 교육에 달려있는데 이대로는 안 된다는 생각에 교육의 본질이 생존에서 출발한 것이 아니고 교육을 위한 방편이 아니었던가 하는 생각이다.

그런 점에서 한정된 지면에도 불구하고 이에 관한 제안을 하나 보태려 한다. 그간의 우리 교육은 지덕체에 치중한 감이 있었다. 지知를 앞세우다보니 자연 인간성은 상실되고 돈 잘 버는 직업만이 우선시 되어 그 부작용 또한 심각해진 것이다. 시급한 것은 이를 체덕지로 바꾸어야 한다. '나폴레옹을 워털루에서 격퇴한 영국의 힘은 이튼 학교 운동장에서 길러졌다.'는 말이 그것이다. 실인즉 체력과 건강이 우선시 되어야 한다는 말이다. 건강한 신체에 건강한 정신이 깃든다는 말은 만고에 진리다. 입시지옥이나 학력차별 사회에 사는 우리네의 현실에서 가정에서도 학교에서도 체육의 중요성을 놓치고 있다. 허나 목적 없는 교육은 교육이 아니다.

국민교육의 목표는 체육이 우선시 되어야 하며 국가 또한 튼튼하다. 이튼학교 운동장은 군사훈련 대신에 운동경기로 상무尙武의 정신을 기르고자 했을 것이다. 물론 상무만 강조하다가 숭문崇文 또한 놓쳐서도 안 될 것이다. 知의 목표를 위해 우리 교과에는 필수과목이라는 이름을 달고 영·수·국에 많은 시간을 할애하고 있다. 영·수·국을 학습하느라 국민 에너지가 너무 많이 소진됨에도 실제 생활의 영위에서는 가성비가 미미한 것이다. 과감히 교과목을 바꾸는 생각으로 전환을 시도해야 한다. 우리 교과를 사·과·철로 해야 한다는 생각이 그것이다. 대구 사·과·철이 아니라 史·科·哲로 해야 국가의 미래가 있다는 말이다.

큰 틀에서 역사과목에다 한글을 포함한 국어까지를 배우고 과학에는 수학정보나 기술 일체를 포함하고 철학에 윤리 등을 포함하자는 것이다. 역사를 잃은 나라에는 미래가 없다. 한글은 세계최대의 장점을 보유한 문자여서 발전의 여지 또한 매우 크다. 과학이 뒤지면 국가는 끝장이 난다. AI를 국가의 제1로 만들고 이에서 최우선으로 우주선이나 해양기술을 개발해야 한다. 기술패권 국가만이 살아남는다는 것은 만고의 진리다. 여기에다 철학을 부가하여 초등학생 때부터 철학하는 법을 가르쳐야 인본적 나라가 된다. 사교육비 근절 정책으로 최근 교육계가 몸살을 앓고 있지만 영수국 대신 역사, 과학, 철학을 과외 한다면 이보다 멋질 수 있을까.

18세기 후반 영국의 제임스 와트의 증기기관 덕분에 인류는 대변화를 이룰 수 있었고 산업혁명을 성공시킬 수 있었다. 증기기관은 여러 산업 분야의 발달에 큰 영향을 주는 기본이고 산업혁명 이후 이를 수용한 국가는 선진 패권 국가를 유지할 수 있었다. 이에 뒤처진 나라는 그대로 주저앉아 식민지가 되거나 약소국가로 전락하는 비운을 맞았다. 브라질, 아르헨티나, 필리핀 등이 한때 약진한 국가였지만 지금은 힘든 나라로 되돌아가고 말았다. 이는 역사의식이 살아있고 과학기술이 우뚝하고 철학적 수준이 확실해야 세계무대에서 덩실하게 행세할 수 있다는 반증이 아니고 무엇이겠는가.

예술이 없는 '예술의 거리'

모든 예술 장르가 장날처럼 한데 어울려 북적거려야

광주시민은 동구 궁동의 거리가 '예술의 거리'로 불리어질 때 문화광주의 상징성을 담아내자고 열광했었다. 그때가 1987년이고 동부경찰서와 중앙초교 입구까지 300m 거리를 광주시는 조례까지 만들어서 거리의 이름을 붙이고 특화사업을 시작했다. 조례의 취지를 '문화와 예술의 고장 광주의 전통을 발전시키고(중략) 예향광주의 특성을 지닌 명소로 육성해 나가기 위함'이라 밝혔었다. 명색이 전국 최고의 특화거리로 홍보되었고 시민들은 광주의 문화가 '예술의 거리'를 통해 무엇인가를 담아내겠구나 하는 기대감으로 부풀었다. 자연발생적으로 생긴 거리가 정말 광주를 대표하는 문화명소가 되고 광주방문객에게 자신 있게 안내할 지역이 되겠다는 기대감 또한 컸었다.

그런데 어쩌다가 '예술의 거리'는 지금과 같은 불꺼진 항구가 되었을까. 광주를 대표하는 문화명소가 오히려 광주의 짐이 되고 차라리 지정하지 말았으면 좋았겠다는 생각마저 든다. 지정 직후 행정은 여러 방향에서 돈을 써가며 의욕을 보였었다. 그중 대표적인 것이 두어 차례나 교체해가면서 도시미관을 살린다고 설치했던 중국제 싸구려 루미니에르의 철거가 그것이다.

혹자는 예술의 거리를 두고 전남도청이 빠져나가서 그렇다고도 했고 인구가 줄어들어 그렇다고도 했다. 그런데 가까운 목포만 해도 관광목포의 슬로건 아래 문학과 예술을 강력히 지향하는 것이 눈에 보인다. 케이블 관광과 근대역사의 거리를 조성하고 3일간의 문학행사도 15억을 쏟아 전국적 이목을 끌어들인다. 순천도 이와 다르지 않다. 국가정원과 갈대밭을 인위적 대형화로 조성하여 모름지기 전국 최고의 관광명소로 특수를 톡톡히 누리고 있다.

여수는 어떤가. 먹거리와 볼거리 등 끊임없는 관광개발로 그들이 누리는 관광여수는 여전히 우리를 부럽게 한다. 특히 여수가 자랑하는 밤바다의 관광은 찾아오는 손님들로 발 디딜 틈이 없다. 중소도시가 문화와 관광으로 이리도 도약하여 재미를 누릴 때 우리 광주는 죽어버린 '예술의 거리'나 보듬고 하릴없는 세월만을 보내고 있다. 이럴 때는 예총 같은 단체라도 여기에 있으면 좋으련만 광주는 이마저도 여전한 손가락 빨기다. 화랑 몇 개 문 열어놓고 예술의 거리라고 했으니 이런 사단에 이른 것이 아닌가. 시민들이 찾아만 가면 통기타나 거리연극 등 각종 공연과 퍼포먼스가 상시에 열리고 있어야 예술의 거리다. 한마디로 모든 예술장르가 장날처럼 한데 어울려 북적거려야 한다. 말로는 광주가 문화경제부시장이 있는 전국 유일의 도시라고 한다. 그런데도 정작 다음의 포즈가 공허한 것은 행정부재에 기인한다고 할 밖에 없다. 예술의 거리에 사람이 없고 사람이 없으니 예술도 없는 것은 당연지사!

예술장르가 집결되는 거리로 태어나야 한다. 말로만 집결되는 것이 아니라 자리를 깔아주어야 한다. 지금도 늦지 않다. 예술의 거리에 전문예술인 참여를 유도하는 것은 간단하다. 광주의 문화예산중 극히 일부를 투자하면 된다. 예술의 거리에서 예술활동을 하는 예술인들에게 약간의 지원비를 지원하면 된다. 예술인은 표현 욕구가 강렬하기 때문에 그 욕구에 약간의 거름을 해주면 된다. 단 예술의 거리 지역 에어리어에서 할 때만 말이다. 예술의 거리는 이제 성공한 축제로 평가받는 '충장축제'와 궤를 같이 해야 된다. 충장축제도 예술의 거리를 너무 활용 못하고 있다. 충장축제 때 예술의 거리는 문을 닫아 놓고 있는 실정이니 새삼 무슨 말을 하리오. 또한 예술의 거리는 아시아 문화전당 ACC와 맞닿아 있다. 2조 원까지 투자된 아시아문화전당이 내부공연만 주장할 것이 아니라 예술의 거리와 같이 해야 된다. 이 좋은 여건임에도 '아시아 문화전당'은 '예술의 거리' 하고는 남이다. 이러고서야 광주문화가 살아 날 수 있을까. 또 하나 '예술의 거리'는 먹거리가 반드시 있어야 한다. 간단하다. 예술의 거리 에어리어에 먹거리 장사하는 업체에게 세제혜택이나 지원금을 약간 해주면 된다. 장사는 예민한 것이어서 조금만 지원해도 몰려든다. 광주공원 앞 포장마차 거리가 활성화되어 있다. 세제혜택이 없어도 관에서 판을 깔아주니 금방 포장마차 명소가 되었다. 아깝다 예술의 거리.

광주동구 문화가 광주 문화를 견인하고자 하는 동구만의 야심을 읽을 수 있다. 그중 예술의 거리를 방치하면 안 된다. 이 예술의 거리는 동구의 예술의 거리가 아니라, 광주 모두의 예술의 거리이다. 최근 동구에는 관광재단이 생겼다. 왜 예술의 거리를 못 만드는 건가. 작년 2022년에 치루었던 '예술의 거리 축제' 프로그램 정도로는 우리가 생각하는 거리하고는 너무 멀다. 우리는 신명나는 거리를 꿈꾸고 있다.

성년의 충장축제, 광주를 견인할까?

충장로는 광주 사람들의 그리움이 김서린 청라언덕

광주 동구가 펼치는 충장축제가 20회째가 됩니다. 충장축제는 '충장'이라는 이름 하나로 관심을 끈 축제입니다. 이 축제가 시작할 때는 '충장축제'냐 '충장로축제'냐를 가지고도 여러 해 혼선이 있었습니다. 요컨대 충장로 상권이 중심이 되면 '충장로축제'이고 '충장공 김덕령 장군'이 중심이면 '충장축제'라고. 그러나 이제는 그 같은 문제도 말끔해지고 '충장축제'란 이름으로 전국에서 성공한 축제로 가고 있습니다. 광주시민에게 충장로는 보통의 거리가 아닙니다.

그래서 충장로에 출입할라치면 옷매무새부터 고치고 나갈 정도였습니다. 온갖 패션이 몰려들어 신사숙녀복은 물론이고 금은방 쇼윈도가 손님들을 유혹하곤 했습니다. 백화점도 몰려있고 고급 구두상점도, 안경점도 대형책방도 모두가 충장로에 가야 일거에 해결이 가능했습니다. 극장가도 맛있는 음식점도 안주가 풍부한 정종 일식집도 충장로는 모두를 가지고 있었습니다. 특히 충장로 1가 광주우체국은 '우다방'이란 이름으로 갖가지 만남이 이루어지는 거대 약속장소였습니다. 크리스마스 이브날이나 연말에는 몰려드는 인파로 서로가 놀라울 지경이였습니다. 이쯤이니 충장로의 지난 세월을 어찌 몇 문장에 담아낼 수 있겠는가요. 그만큼 충장로는 광주사람들을 불러내는 최대의 거리였고 전국에서 차 없는 거리로도 유일했었지요.

충장축제는 광주 사람들 누구나가 그리움이 깁서린 청라언덕 같은 추억의 현장이었습니다. 그래서 무엇인가를 갈망하던 사람들에게 이것도 저것도 한 자리에 끌러놓고 부르는 지라 너도 나도 현장에 나와 시간 보내지 않을 수 없다는 점에서도 충장로는 여전히 우리 시대에 남은 그리움의 거리입니다.

충장축제의 그간의 성공에도 아쉬움은 있습니다. 충장축제가 20년을 이어오는 동안 축제로써는 성과가 있다지만 정작 핏기를 잃어버린 상권을 견인하는 데는 짚어볼 대목이 많습니다. 축제기간만 북적대다가 끝나버리면 다시금 한산해지는 거리에서 이보다

허탈한 일은 없을 것입니다. 언제부턴가 충장로를 찾는 사람들은 그래서 그런지 눈에 띄게 거리가 비어 보인다고 합니다. 그 시절 거리를 활기차게 하던 그 많던 젊은이들은 어디로 갔을까요. 상품권을 주어도 관심이 없고 나날이 느느니 건물의 공실률뿐이랍니다 어디서든 호황인 '스타벅스'가 충장로에서 문을 닫았다면 문제는 어디에 있단 말인가요. 그 많던 옷가게하며 화장품가게도 감감무소식입니다. 이유를 찾자면 여럿이겠지만 다만 우리가 무지하다는 데에 문제가 멈춰 있는 것입니다.

미래는 스마트 시티인데 나아가야 할 방향은 명확하지가 않습니다. 다양한 데이터로 변화를 포착하고 매력적인 서비스로 가야 하는 데도 그렇지 않은 것입니다. IT기술을 활용한 도시 인프라를 지능화 최적화로 서비스해야 한다는 말입니다. 가까이는 칙칙한 영등포 구로공단을 첨단 가산디지털단지로 바꾼 사례가 있습니다. 충장로 진흥을 이에 대입할 수는 없을까 하는 아쉬운 마음뿐입니다.

미리 본 충장축제 기획안은 필자에게도 어렵다고 느껴집니다. '충장발光'을 주제로 '불'을 나르는 퍼포먼스가 그것인데 기억gathering에다 추억놀이movement 등의 용어로 차별한다는 브랜드로 무엇이 될까 싶습니다. 충장축제를 시작하던 2004년에는 '원도심 상권 회복'이 그 기치였습니다. 그러나 축제는 계속되건만 상권의 회복은 정반대로 가고 있습니다. 충장축제가 문화적 향수를 자극한 건 당연하지만 추억에도 매번 변화는 필요합니다. 전남 목포는 케이블관광과 근대 역사거리에서 3일 동안의 축제를 하는데 15억을 쏟는 문학행사로 관심을 견인하고 있고 순천은 국가정원과 갈대밭 관광으로 미증유의 관광객을 끌어들이고 있습니다. 여수도 이에 질세라 먹거리와 밤바다 이미지로 관광명소 개발에 성공했습니다.

충장축제도 이제는 성년에 들어섰으니만치 동구만의 축제가 아닌 광주시민의 축제로 그 범위를 넓히는 일을 모색해야 합니다. 그런데도 충장축제에서 언제부턴가 동별 경쟁이나 먹거리 텐트마저 사라졌습니다. 그러니 자연 축제현장에 아기자기한 흥이 증발해 버린 것입니다. 최근 동구에 관광재단이 출범했습니다. 시작지점이니 의욕이야 보이겠지만 그런데도 또 하나의 옥상옥은 아닐까 우려도 들고 전보다 못하면 어쩌지 하는 걱정도 남습니다. 축제는 논리나 공학이 아니기 때문입니다. 놀이본성 인간을 먼저 이해해야 겠지요.

불굴의 아이콘 강항, 후대는 배웠다

「적중문견록賊中聞見錄」은 일본의 실상에 대한 보고

Ⅰ.

요즘 나의 일상은 글 쓰는 사람들을 만나는 일이 생활화되어 있다. 지금의 직책으로 작가들과 교류, 교감하면서 그들을 도와야 할 일이 무엇인가를 찾게 된다. 여러 예술 장르가 인간과 어울려 공존하지만 문학은 그 중에서도 중심장르라는 생각이다. 문학은 세상을 밝히는 촛불이고 새로운 시대를 예언하면서 끊임없이 인간을 탐구하는 작업이기도 하다. 음악, 국악, 연극, 영화, 무용에도 글로 된 대본이 있어야하고 건축, 미술, 사진 등도 새로운 것을 추구한다는 점에서 또 다른 형태의 시라고 할 수 있어 문학이 그들에게 상상의 근간을 제공한다는 점에서 글 쓰는 일은 대단하다고 할만하다. 이처럼 문학의 역할이 창작이라는 분야에서 엄청나다는 점을 생각하면 내 자신의 역할에 나도 모르게 숙연해질 때가 있다. 즉 문학은 별 뜻 없이 지껄이는 객설 따위와는 구별되어져야한다는 얘기다.

이리 보면 대한민국에서 글쓰기는 전방위적으로

그 뿌리가 튼실해야 할 것이다. 거기에 역사의식 또한 필요 덕목으로 갖추어야 할 것이다. 역사를 모르는 작가가 감각적으로만 독자에게 접근한다면 어찌 될까. 인물이 많이 배출되는 학교는 교훈의 영향이 일조를 한다. 가훈도 그렇다. 지도자는 우연히 길러지는 게 아니라 그 집안의 가훈의 영향을 받는 사례를 많이 보았다. 흥망성쇠의 관건 또한 그렇다. 개인의 훌륭한 성장의 이면에는 그 사람을 움직인 좌우명이 있다. 요컨대 채송화 씨를 뿌리면 채송화가 피고 나팔꽃씨를 뿌리면 나팔꽃이 피는 이치이다.

지금 우리 시대의 대한민국의 가치는 무엇인가. 국훈이라고 하기는 그렇고 국민적 가치를 이념화한다면 국시國是는 과연 있는가. 이는 대단히 중요한 문제이다.

단군이 없는 대한민국을 생각해보라. 우리는 외국여행을 갈 때마다 그 나라들이 그들만의 역사를 내세우고 자랑하는 것을 보아왔다. 구체적인 예를 들지 않더라도 거의 모든 나라가 그렇고 선진국은 더더욱 그 같은 모습을 보인다.

혹자는 우리의 역사를 삼국시대부터 말하는데 그렇다면 우리는 겨우 1700년쯤의 역사에 그친 나라란 말인가. 이 정도의 세월은 중국, 일본, 영국, 이탈리아, 프랑스 등에 비해 턱없이 일천하고 각 곳에서 발굴되는 역사유적과도 맞지 않는다.

태극기와 단군조선에서 민족의 동질성이나 정체성을 찾아야 한다. 우리나라의 하늘을 열었다는 개천절은 우리가 천손天孫임을 깨우치게 하는 우리 민족 최대의 국경일이다. 국경일 중에 이만큼 자부심 넘치는 경축일이 또 있는가. 다른 나라에서 우리를 비하할 수는 있어도 우리가 스스로를 비하하는 일은 참을 수 없는 일이다.

Ⅱ.

전라도의 특징을 말할 때 먼저 떠오르는 것은 저항의 이미지다. 저항은 어떤 외부의 힘에 의해 위해가 생겼을 때 정의의 수호와 생존을 위한 반사적 행동에서 비롯된다. 허나 위해가 반복되면 저항은 일상이 되고 기질로 굳어지기도 한다. 긴 역사에서 전라도는 당하고만 살아온 아픔의 세월이었다.

저항을 한다는 것은 목숨을 내놓고 재산을 걸어야 할 만큼의 고통을 수반한다. 그러면 저항으로 지켰으니 이후는 잘 살게 되느냐하면 그렇지도 않고 팍팍한 생활의 연장이기 십상이다. 전라도가 무슨 죄가 있을 리 만무한데도 위협당하고 수탈당한 세월의 연속이다. 백제가 무너지고, 삼별초군이 패퇴하고, 정유재란에 쑥대밭이 되고, 동학군의 본거지임에도 풀잎처럼 쓰러졌고, 광주 학생의거나 4·19 혁명, 5·18에서도 목숨 건 저항의 선봉이었으나 처절한 역사이기는 마찬가지였다.

천년 세월동안 중앙 정부로부터 소외되고 차별 받은 역사의 유전자가 줄곧 이어 내려온 때문일까. 호남의 저항의식이나 활동은 강항 정신에서 시작되었다고 봐야한다. 선생의 정신은 후학들에게 이어졌고 민중에게 스며들었다. 1980년 광주의 5월, 계엄령이 선포되고 전국 대학에 계엄군이 진입한다. 일요일임에도 우리 지역은 전남대, 조선대를 중심으로 가열찬 저항이 시작되었다. 공수부대와의 대치 앞에서 '뭉치자, 뭉쳐야 산다.'는 구호를 내세우며 '살아야겠다.'는 일념만으로 시민 저항은 끝없이 이어졌다. 그 하이라이트는 택시 200여 대와 버스 10대가 불을 켜고 경적을 울리며 금남로를 질주한 시위였다.

조비오 신부님의 말씀대로 "다 쏴 죽이고 싶었다." 나라를 지키고 민주주의를 지키고 폭력에서 살아남기 위해 우리 시민들은 못할 짓이 없었다. 5월 27일 새벽에 연이어 울린 총성에 쫓기듯이 다급하게 외치던 여성의 목소리는 지금도 여전히 고통스럽다. 광주의 결사항전이 막바지에 다다른 순간의 일이었다. 그 같은 저항을 겪으면서도 광주는 사람 사는 세상의 자유를 지켜냈고 지구촌을 향하여 민주주의의 거대한 깃발을 휘날릴 수 있었다.

저항은 작가들의 의식을 움직이는 내밀한 에너지다. 이른바 저항문학이 그것이며 제2차 세계대전 중나치 점령 하에 프랑스의 저항운동에서 일어난 레지스탕스 문학은 사르트르, 카뮈 등이 참여하고 있다. 우리나라 저항 문학도 이에 못지않다. 일제 강점기라는 엄혹기에 최남선이나 이광수는 변절했으나 한용운, 이육사, 이상화, 심훈, 김광섭, 김영랑, 윤동주 등은 온몸으로 조국의 백척간두를 막아내며 광복의 그 날이 오기를 노래했던 것이다.

군사독재에 맞선 저항문학 또한 김지하, 김수영, 신동엽, 박노해 등의 언어가 저항의식의 소중한 성과였다. 역사가 더할수록 5·18을 담아낸 창작품들이 활발해지고 있다. 「죽음을 넘어 시대의 어둠을 넘어」에서 시작한 저항의 언어는 윤재걸의 「작전명령-화려한 휴가」, 박호재, 임낙평의 「윤상원 평전」, 한강의 「소년이 온다」 등이 있고 2020년 광주문협 시분과에서 발간한 「그 도시의 열흘」 등도 그 날의 진실을 담아낸 상당한 성과였다. 어둠이 짙을수록 뚫고나온 햇살 또한 강렬한 법이다.

Ⅲ.

광주는 아픈 역사로 문학하기가 가장 좋은 곳이다. 광주는 서러운 도시이기 때문이다. 광주는 한 많은 전라도 땅의 대표성이 있는 대도시이고 그 덩치만큼 전라도의 많은 사연을 분출해야 할 의무와 책임이 있다. 역사적으로 이미 밀려있는 땅이었다는 것은 차치해두자.

가까운 1592년 임진왜란 때 죽을 고생을 했지만 1597년 정유재란이야말로 전라도를 목표로 하여 치러진 전쟁이었다. 민중의 삶 속에 깊이 들어가 이해되어야 할 전쟁이다. 그 한복판에 강항 선생의 불굴의 저항이 있었다. 전라도 민중과 이순신과 합심이 되어 임진왜란은 일본의 명나라 침공이 좌절된 것이다. 퇴각한 도요토미 히데요시가 분개의 세월을 보내고 다시 정유년에 침공할 때 이번에는 "이순신과 호남을 죽여라."를 목표로 했다. 순천이 전쟁 중심이었고 순천왜성이 왜군의 본부였다. "보이는 대로 죽여라. 움직이는 것은 다 죽여라."는 작전 지시에 의해 전라도는 모조리 죽임당하는 처절한 지역이 된 것이다. 이렇게 전라도는 고통이라는 것이 무엇인가를 겪은 지역이 되었다. 임진왜란 때는 전라도는 점령이 안 되어서 의병이 거의 전라도에서 다 나오고 식량 보급처 역할을 하였다. 전라도에 당한 왜놈이 정유년에는 전라도를 죽이라는 대참사가 발생한 것이다. 전라도가 당할 때는 아무도 도와주지 않았다. 독특한 전쟁 양상이 이 지역인 것이다. 전라도 민중이 가장 잔인하게 당한 것이다. 민중의 수난이 얼마나 지독한지 그 후유증을 떨어내지 못한 곳이 이곳이다.

처절한 2개월 전쟁에서 호남 민중이 나서고 저항한 곳이다. 이런 부분이 역사에서 언급이 덜 되어 있다. 이후 전라도 중심으로 동학 대전쟁이 있었고, 광주 학생의거, 3·15와 4·19의 선봉에 있었다. 그리고 5·18로 이어진다. 삶을 괴롭히지 아니하는 지도자를 즐겁게 추대해야 함에도 그런 지도자를 못 만나고 있는 지역이다. 민중은 그렇게 당하고 있는데 오히려 구박하는 임금도 경험했다. 전라도가 광주가 왜 위대한가. 강항 선생이 있었기 때문이다. 당하고 또 당한 유전자가 우리에게 있기 때문이다. 광주는 민중문학의 성지로 거듭나야 함을 실감해본다.

Ⅳ.

당시 상황을 더듬어보면 강항은 영광으로 돌아와 김상준과 함께 격문을 띄워 의병 수백 명을 모았지만 왜군의 기세 앞에 의병은 곧 흩어졌고 영광도 왜군에 유린당했다. 강항은 집안 식솔들을 배에 태워 통제사로 임명된 이순신의 진영으로 향했지만 떠난지 9일 만인 9월 23일에 왜군에 사로잡히고 말았다. 강항은 물에 뛰어들어 자살하려 했지만 실패했고, 많은 식솔들이 왜군의 칼에 죽임 당했다. 강항은 쓰시마 섬과 이키壹岐 섬 등을 거쳐 시코쿠四國 지방 이요伊豫의 오즈大洲성으로 끌려갔다.

강항 일행이 바다를 건너는 도중 많은 사람들이 죽었다. 강항의 여덟 살 난 어린 조카가 구토와 설사를 하며 병이 나자 왜군들이 바다에 던져 버리기도 했다. 바다에 던져진 아이가 아버지를 부르는 소리가 오래오래 끊이지 않았다. 강항은 오즈성에서 한양을 방문한 적이 있다는 슈세키지出石寺의 승려 요시히도好仁와 친교를 맺기도 하고, 탈출을 시도하다가 붙잡히기도 했다. 1598년 6월 강항은 오사카를 거쳐 교토의 후시미伏見성으로 이송되었고 그곳에서 도요토미 히데요시가 죽었다는 소식을 접했다. 이곳에서 약 1년 8개월을 지내고 풀려나 1600년 4월 강항은 남은 식솔들과 함께 귀국길에 올랐다. 이 기간 선생의 처절함이 느껴진다. 그리고 불굴의 정신을 우리는 배운다.

후지와라 세이카藤原惺窩, 1561~1619. 그는 일본 에도 유학의 개척자로 평가받는 인물로, 도쿠가와 이에야스가 최종 승리를 거둔 뒤 1600년 10월 그를 불러 [대학]을 강의하게 하자 승복이 아닌 유학자의 복장을 입고 나타났다. 불교 수좌의 지위를 버리고 온전한 유학자로 다시 태어났던 것이다. 당시까지만 해도 일본에서 유학은 대부분 승려들이 공부했으며, 유학의 위치도 불교의 보조적인 학문에 머무르고 있었다.

강항이 풀려날 수 있었던 것은 다지마 성주 아카마쓰 히로미치와 후지와라 세이카 덕분이었다. 후지와라는 강항과 교유하면서 은전을 주어 생활비와 장차 돌아갈 때 쓸 비용을 마련할 수 있게 해주었다. 그가 유학자가 되면서 스스로 지은 '세이카惺窩'라는 이름이자 호도 강항이 그를 위해 써준 '성재기惺齋記'와 '시상와기是尙窩記'에서 한 글자씩 가져온 것으로 알려져 있다. 아카마쓰는 강항에게 증명서를 얻어주어 관문들을 무사히 지날 수 있게 해주었고, 후지와라는 사공 한 사람을 더 붙여주어 대마도까지 항로를 인도하게 했다. 일본 승려 게이안慶安도 오스 성주 사도佐渡에게 강항을 풀어줄 것을 적극 권했다.

1600년 5월 19일 식솔 10명과 다른 선비들, 뱃사공과 그 식솔 등 모두 38명과 함께 부산에 도착한 강항은 선조의 부름에 따라 한양으로 가서 편전 앞에서 술상을 받고, 임금이 내린 말을 타고 고향 영광으로 향했다. 선조는 강항에게 일본 현지 상황에 관해

물었고 강항은 자신이 파악한 것들을 정리하여 선조에게 올렸다.

고향에 도착한 강항은 은거하면서 독서와 후학 양성에만 전념했다. 1602년에는 대구 교수(敎授- 지방 유생을 교육하고 향교를 지도하는 종6품 벼슬)로 임명됐지만 곧 사직했고, 1608년에는 순천 교수에 임명됐지만 역시 부임하지 않았으며 1618년 52세를 일기로 세상을 떠났다.

강항은 왜군에 사로잡혀 일본 땅에 도착한 후 구차하게 사느니 차라리 죽는 것이 나을지도 모른다는 생각을 했다. 그러나 그렇게 죽는 것은 의미 없는 죽음이기 때문에 부끄럽지만 살아서 복수를 해야겠다고 생각을 바꾸게 된다. 포로로 잡혀온 그가 살아남아야 하는 궁극적인 목적은, 오로지 일본에게 당한 수모를 후일에 갚겠다는 것이다. 이런 이유 때문에 그는 탈출의 기회를 엿보면서 일본의 정세를 탐문하고 수집했던 것이다. 「적중문견록賊中聞見錄」은 이런 의도에서 기록된 글이며 이는 조선 조정에 일본의 실상을 있는 그대로 전달하려는 보고지향적 목적의식이 구체화된 것이라 할 수 있다.

강항은 피랍과정에서 자유를 박탈당했고, 또 오랜 기간 고향을 떠나 적지에 머물렀기 때문에 『간양록看羊錄』에는 혈육에 대한 그리움과 고국에 대한 그리움의 정서가 잘 표출되어 있다.

좋은 때와 명절일수록 더욱 마음이 슬펐다. 임금과 어버이를 바라보면 모두 만리의 큰 바다 밖에 있다. 바야흐로 화창한 봄을 맞이하여 초목과 모든 생물이 다 스스로의 즐거움이 있는데, 우리 형제는 눈물이 가득찬 눈으로 서로 마주하고 있을 뿐이다.

이 글은 강항이 1598년 새해를 맞이하여 자신의 처지를 한탄하면서 쓴 글로 처음에는 『건지록巾車錄』, 즉 죄인이 타는 수레라고 하였는데, 제자들이 간양록이라고 고쳤다. 강항의 집안은 피란길에 오르면서 두 척의 배를 준비했었다. 그런데 부친은 배멀미 때문에 작은 아버지와 함께 큰 배에 탔고, 강항은 형제 및 그 밖의 집안사람들과 함께 작은 배를 탔다. 그런데 사공이 실수로 닻줄을 풀어 놓아 강항의 배는 부친이 탄 배와 떨어지고 말았다. 그 이후 강항 형제는 왜군에 피랍되었고, 부친에 대해서는 아무 소식도 듣지 못했다.

봄비가 한 번 지나고 나면
돌아갈 생각 배나 많아진다오.
어느 때나 우리 집 담장 밑에
손수 심은 꽃 다시 볼거나.

문 밖에 봄비가 내리지만 그것은 반가운 비가 아니다. 그 비는 일본에서 처음 보는 것이 아니기 때문이다. 작자는 지난해에도 봄비를 맞으며 고향에 돌아가기를 기원했었고, 올해에도 또 봄비를 보게 된 것이다. 이는 내년에도 다시 일본 땅에서 봄비를 보게 될지 모른다는 막연한 불안감을 암시한다.

사람이 없는데 국가가 되겠나!

우수한 능력을 가진 젊은 이주민을
받아들이는 사다리정책

인구감소가 이런 상태로 계속되면 대한민국이 언제까지 버틸까는 미지수다. 사회적 모든 기반이 와르르 무너지는 소리가 소름 돋게 들린다. 지금의 대한민국 인구 소멸은 가히 공포 수준이다. 정치권은 무슨, 무슨 이유로 매일매일 서로가 격렬하게 대립하기도 바쁘다, 그런 와중에 하반기 경제를 어쩌고, 기후변화를 어쩌고, 100년 교육개혁을 어쩌고, 사회 안전망을 확실히 하려면 CCTV 설치를 어쩌고, 노인복지 사각지대를 없애자는 등등 여러 이슈 또한 뜨겁다. 그러나 우리나라 인구지표는 다리 뻗고 통곡할 만큼 역삼각형의 모양세를 그리며 젊은 층이 급격히 소멸하고 있다. 사람이 없는데 그럴듯한 아이디어로 정책을 짠들 무슨 소용이겠는가. 허공에 대고 주먹질을 하며 무게 잡는 거나 무엇이 다른가.

산업현장에도 청년노동자는 찾아보기가 어렵다. 거의가 외국인 노동자에 의지하는 형편이고 그마저도 수급이 원활하지 않다고 한다. 산업에는 무엇보다 숙련공이 필요한데 그 일이 제대로 될 리가 없고 한국어가 통하지 않으니 답답할 뿐이다. 우리가 자랑하는 조선업체는 수주는 따놓고도 사람이 없어 납기를 넘기는 바람에 페널티 벌금이 수조 원에 달할 만큼 어마어마하단다. 이건 보통 심각한 일이 아니다. 고령화된 농촌은 또 어떤가. 계절별로 인력이 필요한데 도대체가 일할 사람이 없다. 외국인 노동자에 의지하고는 있지만 그때그때 수급을 맞추기가 참으로 지난하다. 따라서 인건비는 상승되고 수지타산은 맞지 않아 경쟁력을 갖추지 못한 농업은 고사 위기에 처해 있다.

대학은 정원을 채운다는 게 이제 불가능에 가깝다. 지원자가 부족하니 학생모집에 제아무리 발버둥을 친들 정원을 채울 방도가 없다. 그 한 방편으로 정원 외 모집으로 외국 유학생을 유치하는데 그것도 쉽지 않다는 것. 한국으로 건너오는 유학생은 돈벌이가 목표이지 학업은 방편이다. 그러다 보니 불법체류자가 생길 수밖에 없고 대학은 페널티를 받게 되고 이탈유학생은 불법으로 사회적 문제를 일으키게 된다.

이 같은 현상은 서울마저도 예외가 아니다. 지난해(2022년) 서울 합계출산율이 0.59명까지 떨어지고 이사 가는 인구까지 합하면 학생 수의 감소는 가파르기만 하다. 이로 인해 폐교가 속출하고 학교는 통폐합 밖에 방법이 없고 주변 지역은 황폐화에 가속도가 붙었다.

1970년 한 해 출생아 수는 100만 명이 넘었고 2012년 출생아 수는 48만 명이었는데 작년(2022년)에는 24만 명이 고작이다. 급격히 줄어드는 출생아의 현실이 이 같다는 말이다. 작년도 출산율 0.78도 인구절벽인데 금년의 통계치는 0.7로 발표하고 있다. 주변을 둘러보아도 젊은이들은 결혼할 생각이 없다. 남성은 남성대로 여성은 여성대로 결혼과 출산에 저마다 소극적인 이유만 대고 있다. 여성의 평균 출산 연령은 33.5세이고 남성은 36세에 제 아이의 얼굴을 보는 것으로 집계되고 있다. 결혼은 늦어지고 아이는 한 가구에 평균 한 명도 못 낳는다는 말이 된지 오래다. 아이 울음소리가 잦아들수록 세상은 활기를 잃는다.

광주의 월곡동 고려인 마을에 가면 늦은 오후에 골목에서 노는 아이들 소리가 왁자지껄하다. 지금은 이런 풍경이 참 신기한 진풍경이 되어버렸다. 뭔가 많이 잘못되어가고 있다. 한국교육개발원의 발표에 따르면 우리 학생 수는 급감하고 다문화가정의 초중고생은 역대 최대치로 증가세를 보이고 있다. 단일민족을 찾다가 나라가 없어지게 되었으니 다문화사회로 재구성하여 대한민국을 만들어 가야 할 때가 된 것이다. 국가는 출산율을 높이기 위해 지금까지 300조 원을 썼다는데 어디다 어떻게 썼는지는 그 누구도 알지 못한다.

최근 정부는 출산율을 높이기 위한 '신생아 특별공급' 등의 주거안정 지원책을 내놓았다. 인구감소를 심각하게 보고 있기는 한데 왠지 감동이 빠져있다. 지금부터 '아이 낳기'가 대유행이 되어 너도나도 아이를 낳는다 치자. 그래도 20년을 기다려야 아이들이 성년이 되어 국가 산업구성원으로 참여하게 된다.

그러니 이 인구소멸을 어찌해야 하나. 대한민국이 타이타닉호처럼 가라앉지 않으려면 백방으로 유능한 외국 젊은이들을 끌어들여야 한다. 다행히 한국은 OECD 국가의 일원이고 지금까지 죽을 고생을 하여 경제부국을 이루었다. 거기다가 K팝, K드라마, K요리, K컬처 등 매력 있는 문화국가로 부상되고 있다. 필자도 최근 찾은 베트남에서 그 나라 젊은이들에게 '코리안드림'이 유행일로임을 확인했다. 우리가 직면한 인구절벽을 해결할 방법 중 하나는 우수한 능력을 가진 젊은 이주민을 받아들이는 사다리정책을 우선순위로 확대하면서 다른 대책도 차근차근 마련해야 할 것이다.

‘홍익인간’으로 가는 길이 어려운가

하늘의 자손이 하늘을 잊고 살아서야…

10월에는 우리의 개천절이 있다. 금년은 단기로 4346년이다. 우리는 예수가 태어난 서기에 2333을 더하면 단기년이 된다고 배웠다. 단기는 바로 단군조선이 시작된 해다. 단군은 우리에게 어떤 의미가 있는가. 한마디로 단군은 조선이고 조선은 단군이다. 단군조선은 고조선이라 불리는 우리의 엄연한 고대국가였다. 우리 한민족의 시작이고 지금도 단군의 5000년 역사가 계속되고 있다. 배달국가로서 역사적 팩트를 찾는다는 것은 무리가 있겠지만, 지금까지 우리를 지칭할 때 '배달민족'으로 전해지고 있다. 우리의 역사는 삼국시대인 고구려, 백제, 신라부터 말하자면 1700년 정도이니 이런 정도의 역사로는 세계유수국가인 영국, 프랑스, 일본, 중국 이탈리아 등과는 비교조차 어려운 짧은 역사가 된다. 더군다나 이집트 역사하고는 단군조선을 합친다 해도 따라잡지를 못할 만큼 차이가 난다. 우리 역사를 일부러 늘려서 허세 부릴 필요야 없겠지만 존재한 역사마저 무시해서 좋을 일이 무엇이겠는가.

전 세계에 한류열풍이 강하게 불고 있다. 가장 한국적인 것이 가장 세계적인 것인 문화강국으로 부상하고 있는 것이다. 문화제국의 꿈이 바야흐로 이루어졌다고 해도 과장이 아닐 만큼 우리는 괄목상대하다. 지구상 곳곳의 한류 팬들은 한국역사에 대해서도 크나큰 관심을 가지고 있다. 한국의 역사에 맨 처음을 장식하는 나라는 고조선이고 통치자는 단군왕검이다. 단군을 신화라고 보는 견해도 있지만 그 속에는 엄연한 역사가 숨 쉬고 있다. 일본의 관변학자들이 나름의 주장을 내세워 단군을 내리깔았다. 한국역사는 2천년 정도이고 일본은 신무천왕이라는 초대 일본왕부터 2600년 전이라고 주장한 것이 그 근거이다. "조선은 역사가 짧다."라고 억지이론을 만들어야 그들이 우월하다고 여긴 것이다. 그후 이 일을 일부 종교 세력과 강단사학이 가세하여 단군을 신화로 내려놓기에 이르렀다.

단군사는 고려 말 대몽항쟁기 등 백성들의 단합이 필요할 때 특히 주목되었다. 최고의 성군이자 지혜의 아이콘 세종대왕은 평양에 단군과 동맹왕을 모신 사당을 지어 국조國祖로 추앙했었다. 고종황제 때는 단군을 교조로 하는 '대종교'까지 출현하고 일제강점기 땐 단군은 민족의 구심점이고 독립운동의 정신적 토대가 되었다. 어쨌든 단군은 우리민족이 수난을 당하고 위기에 처할 때는 민족단합의 구심점이었던 것이다.

한반도에 정착한 우리 민족은 저변에 단군숭상의 정신이 확실한 상태에서 불교가 받아들여졌고 주자학이 수용되고 기독교가 들어왔다. 단군의식이 있었기에 근세에 동학이 자연발생적으로 태동했었고 우리 주체를 자각하고 외세에 맞서 근성 있는 저항을 이룰 수 있었다.

지금 우리는 우선 남북이 첨예하게 대립하고 있다. 여기에다 여와 야가 극한대립하고, 노인세대와 MZ세대가, 빈과 부가 저마다 대립한 상태다. 거기에다 저출산으로 국가소멸마저 크게 걱정하는 형국이다. 이런 걸 '집단극화' 사회현상이라고 하는데 이런 위기 앞에 우리의 가슴속에 저마다 단군을 품으면 한 뿌리에 대한 민족의식으로 조금씩 양보하는 마음이 생기게 되고 해결 못할 일이 있을까 싶다. 미국이 어떻게 지구상에서 가장 강한 나라인가. 미국은 분간이 어려울 정도로 다인종, 다문화, 다언어가 혼재되어 문제성이 큰 국가였다. 그런데도 지금은 지구상의 1등 국가이고 경제, 문화, 군사가 가장 앞선 나라로 우뚝하다. 그 답은 단일화의 성공에 있었다. 필자가 최근 알게 된 일인데 미국이 영국으로부터 독립하려고 사생결단의 노력을 할 때 독립을 주도했던 프랭클린, 애덤스, 셔먼, 리빙스턴, 제퍼슨 등은 1776년 미국독립선언서를 만들어 가는 과정에서 생명과 자유와 행복추구권을 담아낸 것도 대단히 가치 있지만 그때 만들어낸 문장紋章에는 13개의 주를 상징하는 여러 그림속에 독수리가 물고 있는 리본에는 'E pluribus unum' 이라는 라틴어 13개 글자를 맞추고 있다. 그 뜻은 '여러 주가 통합하여 형성된 한 나라'라는 의미인데 미국은 시작부터, '다수를 하나로 뭉치자'는 건국이념을 굳건히 지향했던 것이다.

아! 우리의 개천절 행사가 너무너무 초라하여 마음 아프다. 태극기를 내걸어 달면서 아파트 창문을 보니 태극기를 다는 집이 우리집에 그쳤다는 사실이다. 개천절은 아무것도 모른 채 그저 쉬기만 하면 되는 날인 것이다. 우리 민족에게 가장 크고 성스러운 개천절에 중앙이나 지방이나 모두가 손 놓고 있다. 광주 무각사 산책길에 모셔진 단군성전에 몇 사람이나 다녀갔을까.

나는 화순 압촌마을 국조전을 찾았다. 다행히 화순군의 지원이 있었는지 꽤 사람이 모여 있었다. 그러나 내가 생각한 개천행사는 아니었다. 돌아오는 길에는 비까지 흩뿌려서 쓸쓸한 마음만 더 커지고 말았다. 세상을 널리 이롭게 한다는 환웅배달의 건국이념인 '홍익'을 생각하면서 대한민국의 미래가 자꾸 어둡게 다가왔다. 하늘의 자손이 하늘을 잊고 살아서야 말이 되는가.

한글의 기적을 광주에서!

한글과 AI를 접목하여 미래의 재화를 창출해야

알베르 카뮈는 "잎사귀가 꽃이 되는 가을은 두 번째 봄이다."라는 시구를 남겼다. 「페스트」, 「이방인」 등으로 우리의 귀에 익은 카뮈는 44세 때 최연소 노벨문학상 수상작가가 됐고 47세에 교통사고로 사망하는 비운을 겪는다. 부조리 인생을 한평생 탐구한 작가의 부조리한 생이 강한 역설로 다가온다. 카뮈가 예찬한 이 가을에 광주는 김대중센터를 중심으로 '세계한글작가대회'가 진행 중이다. 문화중심도시 광주로 '제9회 세계한글작가대회'가 유치되어 광주의 문화와 한글문학이 거대한 잔치마당이 되고 있는 것이다.

한글, 새겨 볼수록 위대한 대한민국의 자존심이요 미래의 자산이다. 대한민국이 영원히 번성할 수 있는 것은 민족의 대자원인 한글이 존재한 까닭이다. 지구촌은 지금까지 경험해 본 일이 없는 k-컬처가 세상을 온통 휩쓸고 있다. k-드라마, k-푸드, k-무비, k-댄스…등등. 'K'에다 이름만 붙이면 지역불문 인종불문 환호성이 만발한다. 얼마 전 방문한 베트남 호치

민시에서 식당마다 한국소주가 진열되어 있고 학원마다 한국어 열풍을 목격하면서 나도 모르게 어깨가 으쓱거렸다. 평소 필자가 언급한 '문화제국'이 이런 것이라는 생각이 실감되는 순간이었다. 여기에서 한글은 으뜸 품목이다. 한글이 있기에 k-컬처가 있고 미래가 크나큰 희망으로 일렁이고 있다. 누구든 한글을 배우면 자연스럽게 한국문화에 빠져들고 지한파 내지는 친한파가 된다. 한글은 배우기 쉽고 그러면서도 과학적이고 논리적이어서 한국을 대변하는 최고의 품목이라 할 수 있다. 머리가 웬만한 사람이면 1시간의 학습으로 자신의 이름을 쓸 수 있다고 한다. 해외 비즈니스를 하는 사람과 한글을 이야기하다가 머잖아 한글 이용 인구는 1억이 넘을 거란 전망을 들었다.

중국어, 일본어는 차츰 사라지는 추세이고 디지털 시대에 소통을 위한 알파벳은 표기절차가 맞지 않는 한계에 봉착했다. 중국, 일본 젊은이들이 키패드로 생활하다 보니 모국의 대한 이해 또한 점점 멀어진다고 한다. 소리 나는 대로 표기하다 보면 글자를 못 쓰게 되어 고유 언어가 자동 상실된다는 것이다. 그래서 중국에서는 한글 음을 본격 검토에 들어갔다고 한다. 인도네시아 부톤섬 찌아찌아족이 한글을 부족어 표기법으로 채택한 지 10년이 넘었는데 소수민족 언어가 급감하는 상황에서 처음의 염려와는 달리 강한 확산 일로에 있다고 한다. 우리나라도 한글이 보급되고 문맹률이 사라진 것처럼 지구촌 어디를 가나 한글의 장점이 먹혀든 때문이다.

그분 말씀은 한글이 영어하고는 비교도 안 될 만큼 세계 타이핑 대회에서도 단연 빨랐다고 한다. 한글은 초당 10개를 치는데 반해 알파벳은 늘어질 수밖에 없었고 채팅언어에서도 한글은 축약할 수도 암호화할 수 있었다는 것.

한글의 보급 활동에서도 세종학당이 정부 지원을 받는다지만 민간인의 움직임이 부단히 활발한 반면 중국의 공자학원은 관이 주도하다가 스파이 활동마저 적발되어 전 세계적으로 중단상태에 이르렀다고 한다. 언어보급에서도 이처럼 그 기질과 성과가 다른 실정이다. 이런 한글을 광주에서 제대로 산업화함으로써 대형 프로젝트로 개발할 수는 없을까가 이번 대회의 주된 관심사다. 광주는 AI도시를 특화했고 AI단지를 본격 조성 중에 있다. AI는 인간의 모든 분야를 아우르지만 한글이 미래의 지구촌 공용어가 될 가능성을 전제하면 자연스럽게 한글 판권을 산업화로 이어가자는 것이다. 영국의 문화학자 존맨이 '한글은 모든 언어가 꿈꾸는 최고의 알파벳이다.'라고 했을 때 한글은 이미 유네스코가 인정한 세계의 가장 우수한 글자가 되었다는 반증이다.

광주가 이 같은 과제를 큰 관심 속에 밀고 가야한다고 외치고 싶다. 특히 이번 광주대회는 우리 민족이 일제치하에서 연해주 등 중앙아시아로 강제이주를 당했는데 그 엄청난 고난에도 불구하고 우리 문화와 한글을 지켜냈고 한글문학을 만들어낸 우즈베키스탄을 주빈국으로 선정하여 '고려인'의 자랑스러운 한글지킴이 역사를 다루고자 했다. AI도시 광주에서 한글의 장점을 찾아내고 언어 산업이 얼마나 희망적인가를 모색해 보자는 것이다. 이는 관심 갖기에 따라 크나큰 이슈가 될 것으로 보이며 광주가 미래재화로 한글산업을 선택하여 집중하여야 하는 절호의 찬스이기도 하다. 한글과 AI를 접목하여 미래의 재화를 광주가 선점하고 이를 광주의 문화와 먹거리로 개발하자면 어느 누가 반대하겠는가.

「베오울프」와 神話

신화를 대할 때는 탈사실성을 존중해야 한다.

I. 英文學史的 배경

영문학은 14세기의 「켄터버리 이야기」로 유명한 제프리 쵸오서(1340~ 1400)부터 시작되는 것으로 흔히 묘사되기는 하나 실은 쵸오서기 태어나기 훨씬 이전, 거의 1000여 년전에 이미 태동하기 시작하고 있음을 잊어서는 안된다. 그러나 14세기 이전의 영어는 오늘날의 독자가 그 방면에 특별한 연구 없이는 해독하기가 곤란하여 현대인의 상식으로는 동떨어진 풍속과 생활방식을 취급하고 있기 때문에 이런 고대문학, 다시 말해 쵸어서로부터 시작되는 근대영어 이전의 앵글로-색슨Anglo-Saxon시기의 문학으로 돌아간다는 것은 멀리 떨어져 있는 신비의 나라로 여행하는 것 같으면서 오늘날까지 이어져 내려오고 있는 거대한 영문학의 원뿌리에 접하는 재미와 당대의 비장한 영웅 정신을 만나면서 문학이 갖고 있는 본질적 가치는 느끼게 한다.

오늘날의 영국이라는 점에서 印歐詩Indo- European

를 처음으로 사용한 종족은 켈트Cat인 들이다. 원래 구라파 대륙에서 살던 이들이 언제 영국해협을 건넜는지는 알 수 없으나 영국역사는 켈트영국에서 시작된다. 그 후 로마제국의 쥴리어스 시이저파이 영국을 정복한 때가 AD43년, 이후 410년에 이르기까지 거의 300년 동안 영국을 통치하였다. 그러다가 AD450년 전후에 걸쳐서 북구라파 대륙에서 침략 해 온 앵글족Angles, 색슨족Saxons, 쥬트족Jutes등의 게르만족들이 차지한다. 이것을 정리해 보면 켈트족 구라파에서 영국으로 이동-〉 로마제국 정복기(AD.43~410) - 앵글로 색슨족 침략(AD.450~1066)-〉 노르만 인 정복(1066)으로 이어진다. 그래서 앵글로-색슨 문학이라고 하는 것은 5세기 중엽부터 영국으로 침입한 튜튼족Teuten, 또는 이동게르만족의 문학을 가리킨다.

앵글로-색슨족이 말한 언어는 근대 영어와는 여러 면에서 다르다. 그것은 어세가 강하고 자음이 많은 언어였는데 그들 삶의 詩은 韻은 脚韻이 아니라 頭韻이었음이 특색이다. 시행 마디에는 같은 자음 또는 모음으로 시작되는 몇 개의 강한 음절을 자졌었고 또한 굴절이 심하였으며 말의 의미는 전치사에 의지하지 않고 어미에 의지하였다. 이것은 훗날 어순이 바뀔 수 있다는 점이며 또 앵글로 - 색슨이는 오늘날 독일어에서 볼 수 있는 것과 같은 복합어 형성에 적합해 있었다는 것을 의미하고 있다. 앵글로 - 색슨족이 이런 언어로써 다른 詩들은 때로는 단조롭기 때문에 운율과 시어가 둔탁하여 섬세하고 미묘한 주제를 다루는 적합하지 못하다고 볼 수 있다.

그렇지만 앵글로 - 색슨시의 소재가 오늘날의 시각으로 볼 때 대체로 지루하고 테크닉에 있어 다양성이 부족하다고 결코 가치 없는 것으로 내팽게 쳐버린다면 영문학의 맥을 찾는 데 처음부터 중대한 것을 잃어버리는 셈이 될 것이다. 앵글로 - 색슨족의 기질은 잔인성과 더불어 정서면에서 고상한 대목이 있으며 신앙심이나 이념은 본능적으로 운명론적 세계관을 지향하고 있다. 또한 상식이 풍부하고 사물을 진지하게 생각하기에 못된 조롱이나 감상적인 기질이나 지나친 환상 등을 꺼려하였다. 이러한 종족의 성향이 문학에도 짙게 물들어 오는 것은 당연한 일이다. 따라서 이들이 바라는 모든 고상한 생활의 지배적인 동기는 영광이나 명예를 획득하는 데 있다.

따라서 군주나 왕에 대한 충성이 이들의 사회적인 덕으로써 가장 찬양을 받게 되며 감정을 억제하는 것 같으면서도 진실을 숭상하고 개인의 자유를 존중하였다.

그 당시에는 吟遊詩人이 화롯가에서 영웅의 공적을 찬양하면서 읊조리는 서사시와 비가의 전성기였는데 베오울프Beowulf는 그 중에서 가장 우수한 것이며 현대 까지 내려온 앵글로 - 색슨시 가운데 가장 중요한 자리에서 논의되고 있다. 이 베오울프는 가장 긴 영웅 서사시로써 원래는 대륙에서 앵글족들의 이웃 사이에서 암송되는 모험의 이야기이며 사건 중의 어느 것은 역사에 근거를 두고 있는 것으로 해명되고 있다.

이 역사의 근거로는 AD. 520년 경에 해적 약탈의

기록이 있는데 이것은 지금 남방 스웨덴에 살고 있는 게이트족Geats이라는 부족이 감행한 것인데 베오울프는 이 부족 사람으로서 덴마크 왕을 도우러 갔고 그 왕궁에 머루르면서 여러가지 기적적인 공적을 수행한다.

신화적 근거를 보면 베오울프는 태양신으로서 안개와 찬 밤, 겨울 어둠, 늪의 독 기, 바다의 위력 등의 절대적인 세력을 꺾는 역을 한다. 또한 베오울프는 야수에 대 항하여 생존을 목적으로 투쟁하는 인류를 상징하고 겨울용을 넘어프리는 여름의 영혼과 혹은 자연에게 정복되는 인간을 상징하기도 한다. 그리고 비오울프는 개화開化 BEF1L의 영웅이다. 정착된 축복의 거처는 바다를 정복함으로써 영원히 난공불락의 자리에 서게 된다. 이 시는 용감한 인간 투사인 약마인 용을 죽인 튜튼Tenicn 신화를 융합한 서사시라고 할 수 있다.

신화는 지나간 시대의 유물이 아니다. 그것은 인간의 꿈이 형상화된, 인간심성의 깊은 곳에 환기력을 갖고 있는 살아있는 언어이다. 다신교의 여러 신들이 갖고 있던 초자연적 파우어를 지금은 '민주주의'니 '자유'니 '평등'이니 하는 새로운 추상 명사로 대치되고 있을 뿐이다. 인간을 지배하는 것은 다아위니즘이 생각하고 현대인들이 무의식적으로 믿고 있듯이 생물학적 필요나 충동이 아니다.

또한 인간은 꿈꾸는 동물이다. 영문학사상 가장 오래 된 베오울프 이야기는 그 용도가 생물학적 필요는 직접적 관련이 없다. 신화 혹은 설화는 진솔한 삶의 이야기이다. 과거 인간의 삶은 압도적인 자연의 힘에 지배되었고 그 힘에 대한 원천적 인식은 외경으로 나타날 마련이었다. 그 힘에 대한 외경이 신화이고 설화는 그 힘이 행사하는 비합리적 운명과 본질적으로 연관되어 있다. 직선적 인과로는 채워지지 않는 꿈의 영역에 신화와 설화가 자리 잡고 있는 것이다.

그러나 옛날 구비문학口碑文學이 대개 그렇듯이 음유시인bard들이 계속하여 이야기를 전해감에 따라 베오울프의 종적은 점점 많아지고 또 경이적으로 되어가 게 된다. 이야기는 삶의 공간이다. 구전되는 이야기에는 인간 삶의 자연스럽고 적나라한 모습이 생생히 숨쉬고 있다. 거기에는 인간이 공동체의 일원으로 태어나 공유하는 모든 느낌의 총체가 숨 쉬고 있고 그 안에서 울고 웃는 갈등과 화해 그리고 원망과 동경이 있다. 조상과 이웃의 이야기는 그대로 자신의 삶의 세계에 편입되며, 그 교통의 느낌과 정감의 직조가 다름 아닌 그들의 세계를 구성하고 있다. 그들의 그곳은 현실의 세계이면서 꿈의 세계이다. 이러한 베오울프의 우화적인 투쟁의 전개는 앵글족이 영국에 정착한지 아주 오랜 뒤까지도 계속 환영을 받았다. 거의 한 세기를 넘는 동안에 음유시인들이 자기들의 가정에서 노래하며 이야기에 이야기를 더해가며 이어져 갔다.

1. 베오울프詩의 구조

앵글로 - 색슨문학의 대표적인 사사시, 베오울프

는 그 배경이 엉뚱하게도 영국이 아니라 스칸디나비아이며, 다만 앵글족에 의해 옮겨지어 영국에서 하나의 시로써 완성되었다. 총 3180행으로 된 10세기에 속하는 작품이지만 그 이야기는 훨씬 오래 전이고 궁정에서 구전되어 오던 것이 7세기 말에서 8세기 말까지 100여 년 사이에 오늘날 우리가 볼 수 있는 형태로 총괄 되었다.

이 시는 다음과 같이 4부로 나누어진다. J 덴마아크의 왕 흐로쓰가Hrothgar와 그의 왕가 묘사(1~85행) ② 베오울프와 그렌델Grendel 母子와의 격투(1888-2199 행) ③ 베오울프의 귀국(1898~2199행) ④ 베오울프 통치기간 중 火龍과의 격투와 그의 죽음과 장례식(2,200~3,180)으로 되어있다.

이 시의 주제는 영웅 베오울프와 전설적인 괴물 그렌델 모자 그리고 화룡과의 격투이며, 이 시의 배경으로 역사적인 요소가 언급되어 있으며, 또한 주제에서 다소 벗어난 객담과 삽화digressions and episodes가 산재해 있다.

1) 전설적인 요소

베오울프에 나타나는 그렌델과의 격투 같은 유사한 이야기는 여러 나라의 민속담folk-tales, 심지어는 일본, 북미 원주민들 간에서도 찾아볼 수 있다. 그러나 그중에서도 베오울프 전설과 가장 흡사한 것은 1300년 경에 기록된 스칸디나비아의 전설집이다. 인류의 역사가 시작하면서부터 노래는 불리어졌고 이야기는 이어져왔다. 노래는 민중과 함께 민요로 전승되고, 이야기는 신화나 전설로 계승 되는 것인데 재미있는 점은 서구문학에 시초에 나오는 용은 악의 상징으로 설정하여 퇴치시키고 승리하는 과정을 보여 주는데 비해 거의 같은 시대에 나온 한국의 처용설화 같은 데서는 용이 존엄성과 결부되어 인간에게 유익한 존재라는 관념에서 이를 수호신으로 섬기게 되는데 그 상징적 대조가 퍽 재미있고 또 다른 지면으로 연구해 봄직하다.

2) 역사적인 요소

베오울프에는 6세기 때의 스칸디나비아가 묘사되어 있다. 이 시에 언급된 스칸디나비아 족속들은 예이츠, 스웨덴, 그리고 덴마크인들이다. 이 시는 주로 예이츠국과 덴마아크국에 관한 것으로, 영국에 관한 부분은 4세기 후반의 앵글왕국의 오파王 후손이라고 간주되는 8세기 후반기의 영국 페르시아의 國名異人 오파王에 대한 단한번의 언급밖에 없다. 이 시에서 덴마아크 人들은 인그와인 시딩人들이라고 불리운다. 덴마아크의 조상은 전설적인 開祖 실드와 역시 전설적인 베오울프로 시작 된다.

덴마아크역사가 기록되기는 바이킹시대 그러니까 790년 경부터 시작된다. 이 덴마아크 역사에서 헬프데인Healfdene부터의 8명의 남자이름은 바이킹시대 이전의 작명법에 준하여 모두 같은 頭音 h-로 시작하는데 이들 8명 중 헤로가heorogar와 흐로쓰먼드Hrothmund를 제외하고는 모두 스칸디나비아 전설에 잘 알려져 있다. 전설에 의하면 영웅인 베오울프는 베그먼딩Waegmunding가문의 한 사람으로써 495년 경에 태어났다. 그의 부친 에그소우Eagtheow는 흐레텔 Hrethel 王의 독녀의 남편이었다. 그당시 7세가 되면 타인집에서 교육을 받는 스칸디나비아의 관습에 따라 베오울프는 7세때 자기의 외조부 헤르텔王의 궁전에서 자랐다.

그의 소년시절은 힘없고 나태한 인물로 알려졌으나 성장하여서는 거인들과 해수들과 싸우며 장거리 해상수영경기(506~581행)에서 명성을 떨치게 된다. 515년에 14명의 용사를 이끌고 덴마아크 원정에 오른 베어울프는 덴마아크인들을 괴롭힌 괴물 그렌델 母子의 재앙에서 구출하였다. 521년 그는 자기 삼촌 하이갤랙王을 따라서 프랭크國기 들어가 데그레픈을 살해하고는 간신히 헤엄쳐서 고국으로 탈출해 와서 533년 헤아드레드王이 스웨덴과의 전후에서 전사하자 베오울프는 왕에 오르게 된다.

베오울프가 50년간 나라를 통치하다가 그 나라를 계속 괴롭히는 火龍의 격투 끝에 죽는다. 이 시에 묘사된 베오울프는 스칸디나비 전설이나 口傳에 나타나지 않는 보통 시민의 가상적 인물이다. 이를 뒷받침할 수 있는 증거로는 b로 시작되는 그의 이름은 자기 부친 엑그소우Eegtheow와도 두운이 되지 않을뿐더러 h로 시작 되는 게이츠Geats왕가와도 두운이 안 되며, 심지어는 w-로 시작되는 그의 가문 베그먼딩의 영주 베오스탄Weohstan이나 바이그라프Wiglaf와도 두운이 되지 않는다. 그러므로 그는 어느 스칸디나비아 왕가나 친척과도 무관하다. 그래서 베오울프는 이 시에서 外人視되고 있다.

베오울프에 묘사된 많은 인물들에 대한 여러 출처나 전통 및 口傳 그리고 프랭크國의 역사에서도 입증이 된 521년에 실패로 끝난 하이겔릭王의 프랭크國 원정 등으로 미루어봐서 이 시에 언급된 사건들은 6세기 전반기에 일어난 것임을 알 수 있다.

Ⅱ. 베오울프류의 종교적 입장

5세기 중엽부터 영국으로 밀고 들어온 투튼족은 원래 잔인하고 호전적인 異敎徒(pagan: 기독교 쪽에서 본 이교도)였다. 그러나 약 2세기 후에 그들의 작품이 나올 즈음에는 약간 개화해서 해적질을 그만두고 정착하여 농사를 짓게 되었다. 그들은 기독교도가 되었고(그 이전 597년에 하얀 승복을 입은 40명의 승려를 데리고 온 聖 오거스틴은 캔트의 색슨王에게 환영받았으며 켄터베리에 영국 최초의 대성당을 세움) 법률의 보호 밑에서 살게 되었다. 현존하는 대부분의 고대영시는 680~850년간에 作詩되었으므로 이 당시의 시인들은 異敎에서 개종한 기독교인들이 아니면 개종된 기독교인들의 후손이었을 것이다.

베오울프의 시인도 원래는 이교도였으나 후에 기독교로 개종한 시인이었으리라고 본다. 이와 같은 견지에서 볼 때 빨라야 680년 경에 作詩되었으라고 보는 베오울프에 이교요소와 기독교 요소가 섞여 있는 이유로 어느 정도 이해할 수 있다. 그래서 앵글로 - 색슨족들의 문학은 선조대대로 계승된 口傳詩를 영국땅에 가져와가지고 口傳成文한 異敎的 詩歌와 영국땅에 와서 기독교의 감화를 받고 주로 승원을 중심으로 읊은 기독교적 詩歌로 나눌 수 있다.

1. 異敎的 詩歌

이 시대의 서정시의 주제는 비애이며 運命(wyrd: what happens가 원뜻)의 절대적인 위력과 초개같은 인간의 미력을 슬프게 노래하고 있다. 이런 주제의 베오울프시를 종교적 입장 특히 이교적 입장에서 검토해보겠다. 왜냐하면 베오울프의 스토리 자체는 이교적이기 때문이다.

제1부(1~2199행)는 데인Dane王 호르쓰가가 거대한 궁전을 건축하고 헤오로트Heorot라고 명명했던 것이다. 한편 이곳에서 멀지 않은 곳이 물밑 음습한 동굴에 아벨을 살해하고 카인의 후예인 그렌델이라는 괴물이 살고 있었다. 호로쓰가王이 신하에게 보물을 하

달하고 주연을 베푸는 장소인 이 헤오로트궁에서 들려오는 소란한 환성과 노래에 노한 이 괴물은 야음을 타서 헤오로트궁에 침입하여 30명의 부인들을 잡아 먹어 버렸다. 그 후 20년간 그렌델의 횡포는 계속했다. 그때 게이츠족의 王 하이겔릭의 조카되는 용사 베오울프가 본국에서 이 비보를 듣고 용감한 부하 14명을 인솔하고 바다를 건너 헤오로트에 도착한다. 그날밤 부하들과 더불어 궁궐 을 지키던 베오울프가 그 밤도 그곳에 침입한 괴물 그렌델과 혈투를 했던 것이다.

그렌델은 베오울프에게 한쪽팔을 잃고 겨우 생명만 건지고 도망쳐버렸던 것이다. 그러나 그 다음날밤 그런델의 어머니되는 요괴가 자식의 복수차 침입하여 호로스가의 중신 에스케레를 죽여 버렸다. 베오울프는 이 妖怪의 뒤를 쫓아 물밑 동굴에서 죽여버린 후 헤오로트궁에서 흐로스가로 부터 많은 보물을 받고 귀국하여 그의 군주인 하이겔릭포에게 자기의 체험담을 이야기함과 더불어 흐로스가王에게서 받는 보물들을 함께 바쳤던 것이다. 하이겔릭이 죽은 후 그의 아들인 해아드레드가 왕위에 올랐으나 그 역시 전사했으므로 베오울프가 왕위에 올라 50년간 통치하였다.

제2부(2200~3182)는 베오울프王이 50년 통치 끝에 한 죄인이 우연히 동굴속에 숨겨둔 보물을 발견하고 이를 훔쳤다. 이 보물을 지키고 있던 무서운 火龍은 복수심에 불과 잃은 보물을 찾아 사방을 헤매어 드디어는 전나라가 화염에 싸여 초토가 되어버렸다. 老王 베오울프는 친히 이 무서운 火龍 퇴치하러 갔으나 화룡과의 격투 끝에 용은 죽였으나 자신도 화룡이 내뿜은 불에 의해 중상을 입고 숨을 거두어 老王 베오울프의 시체를 화장하는 것으로 끝을 맺는다.

The Great folk fashioned a peerless pyre hung round with helmets and battle -board with gleaming byrnies as Beowulf bade. In sorrow of soul they laid on the pyre. Their mighty leader, their well loved lord. The warriors Kindled the bale on the barrow, wakened the greatest of funeral fires.

Darko'er blaze the wood smoke mounted; The winds were still'and sound of weeping. Rose with the roar of of the surging flame. Till the heat of the fire had broken the body.

여기에 Geats 사람들은 그 Bowulf가 소망하던 대로 그를 위하여 지상에 견고하게 쌓은 화장더미를 마련해놓고 그 주위에 투구와 방패 그리고 빛나는 갑옷을 걸어놓았다. 그 다음에 수사들은 탄식하면서 사랑하는 군주를 장작더미 위에 눕혔다. 나무가 타오르는 검은 연기는 불길위에 높이 솟아올랐다. 요란스럽게 타오르는 화염소리는 곡성과 뒤범벅이 되었다. 드디어 불길은 그 몸둥이를 태워 없앴다.

이상 살펴본 바와 같이 베오울프의 작자는 제1부에서 신하인 무사 베오울프의 국왕에 대한 충성심을 그렸고, 제2부에서는 군주 베오울프의 부하에 대한

온정과 또한 참된 백성의 보호자로서의 모습을 그려 튜튼족 무인사회의 참된 이상적 인간상을 나타내고 있으며, 거기에 기독교적 색채가 가미됨으로써 튜튼족 무인사회의 윤리는 기독교사회의 윤리와 조화를 꾀하고 있는 것이다.

이교의 시로써 다루어 본 베오울프에서는 전쟁에 대한 즐거움과 자연에 대한 우울한 견해와 영국의 고대 선인들의 비애의 정신이 대체로 나타난다고 할 수 있다.

2. 기독교적 시가

아일랜드와 로마로부터 기독교가 영국에 들어온 것은 6세기 중엽부터였다. 영국 남쪽에서는 그레고리 法王의 명령에 의해 오거스틴이 이끄는 선교단이 켄트에 와서 기독교를 전파하기 시작했다. 그 후에 일어난 켈틱계 기독교와 로마계 기독교의 대립은 화이트바이Whiteby 종교회의의 결의에 의해서 로마기독교가 영국에서 주권을 잡게 되어 8세기 초에 이르러서는 전 영국이 기독교화 되었다. 본래 앵글로 색슨족은 오딘Odin과 같은 日月星辰의 자연신을 숭상하고 있었으며 또한 운명wyrd의 절대적 지배를 믿고 있었던 것이다.

강직하고 배타심이 강한 이들 앵글로 색슨족들이 어떻게 기독교는 순수히 받아 들었는지 심히 기이하다. 하여튼 기독교가 영국땅에 들어와 자연신과 음울한 운명을 믿어오던 앵글로 색슨족들의 마음을 부드럽게 해주었을뿐만 아니라 詩的感情과 더불어 라틴어의 성경과 또한 로마의 학문을 영국땅에 가져와 나중 대대로 전개될 영문학에 실로 많은 영향을 주었던 것이다.

또한 교회의 지도자들은 이교의 전설을 약화시키고자 전력을 다하였다. 예를 들면 수도원의 초기 학자요, 또 교사 중 가장 학식 있는 분의 하나인 Alcuin(735~804)은 자기 제자들에게 이교의 전설에 귀를 기울이지 말고 Bible에 정신을 쏟아야 한다.
고 경고하였다.

수금(하프)치는 이가 아니라, 독사讀師 — 성경 읽는 이 — 에게 귀를 기울일지어다.

The lector (the reader of scriptures should be heard, not the harper)

Ⅳ. 結 言

작품의 성질상 어두운 분위기에서 사건이 계속되고 유머나 위트로 진지한 격조를 밝게 하는 일이 없다. 서술이나 묘사조차도 자연을 엄숙하고 두려운 면에서 보여주고 있다. 또한 인물들이 실재성이 있는 사람들이 아니고 단순히 요원한 옛날의 유형적인 틀인 영웅이나 왕, 왕비들로서 등장한다. 인물들이 단순한 윤곽으로 그려 져있다. 그렇지만 신화를 허구로 보는 입장, 즉 정당히 잘 꾸며진 이야기로서만 보는 시각으로서는 인간현존을 제대로 파악할 수 없을 것이다. 신화에 있어서 실재성reality을 객체적 현실이라고만 생각한다면 신화에는 실재성이 없다. 그러나 신화가 자연과 우주, 인간과 만물에 관한 인간 경험의 한 양식이고 아울러 인간표현의 하나라는 것은 의심의 여지가 없다. 따라서 베오울프의 신화는 신화대로 인간이 실재성에 대하여 가지게 되는 現存의 하나를 보여준다. 신화에는 역시 신화다운 실재성이 있는 것이다. 따라서 신화의 실재성을 실증주의적으로 검증하려는 것 자체가 이미 잘못이다. 그러므로 신화를 대할 때 탈사실성을 존중하는 것이야말로 신화를 제대로 보는 것이다. 다시 말해서 객체적 사실이라는 관점에서의 역사적 진위를 미확인하는 태도가 신화의 실재성을 놓치지 않는데 필요한 전제인 것이다. 우리는 그 행간, 그 상징적 의도를 읽어야 한다. 그렇게 할때야 비로소 우리는 문화의 원형archetype을 감잡을 수 있을 것이다.

베오울프는 항상 가장 높은 동기에서 행동한다. 하는 일에 언제나 불확실이 없고 또 스스로와 싸우는 일도 없으며 성을 내는 일도 없다. 보수에 대해 생각해 보는 일도 없이 언제나 자기 희생을 하는 이상적 유형이다.

오늘날의 감각으로 독자는 현실감을 느낄 수 없지만 이 시는 영문학을 말하는 사람들에게는 보람과 즐거움을 한껏 주고 있다. 사건이 비록 대륙에서 일어나지만 베오울프는 이 나라 문학의 시발점이 되기 때문이다. 이 시는 이 나라 국민이 물려받은 민족의 관습과 이상을 반영하고 있는 것이다. 大義를 위하여 자기의 생명을 서슴치 않고 바치는 영웅적 기개, 대자연의 가혹한 압박하에서도 굳세게 살아가는 불굴의 정신, 불가항력적 운명에 대항하면서 용감 침착한 기풍과 엄숙한 영웅적 정신이 전편에 흐르고 있는 것이다.

또한 주인공 베오울프는 자기 백성을 악의 상징인 용의 재앙에서 구출하려다 희생당한 백성의 구세주, 즉 사탄과 싸우며 만민을 구출하려다 십자가에 희생의 재물이 된 그리스도의 역할을 연상시키고 있다.

코로나 세상, 광주문학 챙기기

스토리텔링의 시대

광주문협 13대 회장 3년 임기 내내 코로나 펜데믹으로 시작하여 그것으로 끝이 났다. 어떤 출판사 질문에 답을 했던 기록도 소중하다는 생각이 들어 기록으로 남기기로 했다.

문) 코로나19로 불편하고 조심스런 나날인데 문우님께서는 이번 코로나 펜데믹 1년 기간에 어떤 문학 작품을 읽으시고 글은 몇 편쯤 창작하셨나요?

답) 2020년 1년간은 광주문협 회장 임기3년 직분 첫해이니 아무래도 문인협회가 하는 고유의 일에 매진하게 되었습니다. 700여 명의 문인들과 소통의 중심 역할에 처신하려 했고 사무실로 배달되는 많은 작품집과 타지역 문예지 등을 되도록 섭렵해야 하고 개별 작품집에 격려와 감사의 전화라도 드려야했습니다. 보내준 작품을 다 읽어보면 좋았겠지만 시간적 물리적으로 그리하지 못한 한해였습니다. 나의 글은 매달 신문에 실어야 되기도 해서 칼럼식 수필을 계속 썼던 게 창작으로 남았습니다. 여러 문예지 발간에 따른 축사 요청이 있어 써주었던 게 남은 수확도 되겠습니다.

문) 신년(2021년) 문단의 당면과제는 무엇이며 그 해결책은 어떻게 생각하시는지요?

답) 광주문협의 경우, 당면 과제는 '광주문학관' 건축에 따른 콘텐츠를 어떻게 할 것인가인데 사실 꽤 난감한 문제이기도 합니다. 문학관 장소 부적합에 대한 여러 논란이 있기도 하지만 그래도 '최악의 장소에 최선의 콘텐츠'를 지향해보려 하지만 콘텐츠 위원회의 위원들과의 의견 일치도 어렵고 전문성도 기대가 안 된다 보는 입장입니다. 문학관 담당 공무원도 문학인식에 대한 충분조건을 기대하기 어렵고요. 해결책은 콘텐츠 용역비를 들여서라도 최고의 전문가에게 의뢰해보는 것이 최선이라고 제안해 봅니다.

문) 대면 접촉이 제한받는 지금과 같은 환경에서 문학동인이나 단체 활동의 활성화를 위해서는 어떤 방안이 있을까요?

답) 2021년 코로나19괴질은 언제 끝날지 모릅니다. 이 사태는 계속될 징후를 갖고 있어서 사회 전반의 변화를 가져올 수밖에 없고 생존의 문제가 맞물린 상황에서 엄중하게 생각될 수밖에 없습니다. 대외적인 행사의 추진도 마찬가지입니다. 문협에 우호적인 기업이나 기관도 힘들기는 마찬가지여서 문협 발전만을 호소할 수가 없습니다. 시 낭송도 광주 시민께 볼만하게 차려내고 싶지만 휴면상태입니다. 문학동인이나 단체 활동도 이에 접근해가지 않을까 싶습니다. 인공지능의 상상이 비대면 인간보다는 훨씬 빠르고 광범위하게 발전해갈 가능성이 큽니다. 이미 빅데이터 인공지능의 그림이 경매에서 고가로 팔리고 있습니다. 전시장, 공연장에 직접 가지 않고도 온라인상의 감상으로 바뀌고 해외 관광을 가지 않고도

가이드가 현지에서 전송한 화면으로 거의 현지처럼 체험 현상을 갖는 세상을 의미합니다.

문) 문학이 문화의 맏이로서 포스트코로나에 대비, 어떤 역할이나 기능이 필요할까요?

답) 코로나와 동거하면서 살아갈 수밖에 없는 현실이고 코로나 이후는 코로나 이전으로 갈 수는 없다는 것입니다. 비대면 시대가 도래하는 시점이 제 4차 산업시대와 맞물리고 인공지능 시대가 오면 문학의 표현의 변화도 지금까지와는 다르게 전개될 것입니다. 우선 각종 문학단체에 젊은 작가들이 유입되지 않고 있습니다. 우리 세대와 달리 젊은이들은 문학을 포함한 그 어떤 단체에도 소극적입니다. 이를 일러 인문학의 위기라 할까. 그 대신 실감형 콘텐츠 문화가 한 추세를 이룰 것이고 머릿속에만 노는 스토리텔링이 더욱 발전할 것입니다. 교과학습이 교실에서만 이루어지기 어렵듯이 문학도 종전처럼 문인 중심의 동인지나 문예지를 발간하는 것으로 끝나지 않고 감정 표현이 인공지능을 빌리는 시대로 나아갈 것입니다. 이른바 빅데이터 활용의 문학이 대세를 이루리란 전망입니다. 예를 들면 인간의 고유 영역으로 생각해온 시 창작을 사람 대신 인공지능이 담당하리라는 것입니다. 전염병 창궐이 주는 교훈을 글 쓰는 사람들은 어떻게 받아들여야 할까. 좋은 책을 읽고 글을 쓰고 여행을 하여 내공을 쌓는다 해도 오래 살고 싶어 하는 본능에서는 예외가 없습니다. 이른바 홈코노미가 자리 잡으면서 개별 생활 습관에 익숙해지리라는 것이며 문인들의 모임도 제대로 갖기 어려울 것입니다.

부록

나의 문학 나의 인생

-《수필과 비평》에서 시작한 나의 문학 인생

나의 문학 나의 인생

-《수필과 비평》에서 시작한 나의 문학 인생 -

"문학의 힘을 믿고 산다"

Ⅰ. 들어가며

나는 문학을 잘 모른다. 다만 오늘의 이 지면은 '광주문협회장'이라는 위치에서 문화적 사회적 입장을 고려한 원고 청탁이 아니었나 싶다. 청탁을 받고 쓸까 말까를 망설이다가 이것도 기회인가 싶었고 귀한 지면 위에서 나 자신의 그간의 세월을 되돌아보는 계기도 될 것 같아서 받아들이기로 했다. 내 지난날을 되돌아보는 나의 입장은 나의 에세이집 『문학이라는 마법으로』의 서문에서 밝혔듯이 일단 독자들과 대면하는 게 유의미할 것 같다.

"나의 단풍은 무슨 빛이 서려 있을까?"

핑그르르, 바람에 휘도는 단풍잎이 원을 그리다가 떨어진다. 되돌아보니 나의 시간이 저같이 단풍 든 시간에 서 있다. 언제 단풍잎같이 색 고운 책 한 권 문학 세상에 내보였던가 싶다. 그때그때 강의용 책을 엮거나 문학 관련 논문 등을 집필하는 것이 고작이다가 문인협회 회장의 위치에서 그간에 써 모은 문장들을 한자리에 모아 자전적인 책을 내기는 했지만 하여간 그쯤에 그친 것은 숨길 수 없는 사실이다. 대학에서 강의할 때는 전공영역으로 '영시English Poetry'와 '영문학사English Literature History'를 가르치기도 했고 외우 김종 시인께서 시인되기를 독려하였지만, 시단을 기웃거리는 일은 내게는 왠지 낯선 길처럼 여겨졌다. 세계문학사에 내로라하는 영미 시인들의 시작품들을 다루다 보니 내가 쓴 나의 운문은 새색시의 수줍은 볼처럼 달아올랐던 것일까. 그런데 문학사는 읽을수록 재미있고 강의하는 것 또한 절로 신이 났었다. 문학의 본류가 시인 것은 물론이지만 나 자신에게는 산문이 훨씬 가깝게 다가왔던 것이다. 햇빛이 있는 쪽으로 넝쿨이 뻗어가듯 재능의 방향으로 관심이 가는 것은 자연스러운 행보였다. 그래서 1992년 《수필과 비평》, 1993년 《문학춘추》에서 '수필'로 신인상을 받고 등단한 지 어언 30년의 세월이 흘렀다. 광주문협, 전남문협, 한국문협 등에 몸담은 회원이지만 이 세월에 작품 활동은 부진을 면치 못한 감이 크다. 그때그때 문학의 빛으로 물들지 못했던 일이 인제 와서 새삼 되돌아보는 대목이다. 이쯤이니 나의 단풍은 무슨 빛으로 어우러졌을까가 궁금하다.

이 자리에 와서 생각하니 떠오르는 은사님이 계신다. 대학 4학년 때 '문학 세미나'를 맡으셨던 최용재 교수님이신데 교수님은 리포트로 콩트나 수필을 요구하셨고 제출된 내 원고 위에 빨간 색연필로 큼지막하게 'Very Excellent'라고 표기하곤 강의 중에 낭독까지 해주시던 기억이 지금껏 생생하다. 은사님은 나더러 '꼭 글을 쓰라'고 몇 번이고 당부하셨지만, 그 말씀을 받들지 못하고 많은 날들을 흘려보내 버려 죄송할 따름이다.

글쓰기는 부지런하지 못하면서도 문인들하고는 친하게 지냈었다. 광주광역시교육위원, 폴리텍대학 학장 등의 사회활동에 몸담으면서도 머릿속에서 떠나지 않았던 게 문학에 대한 쉼 없는 갈증과 애정이고 지속적인 문화운동이었다. 여러 사회활동을 통해서 얻은 문화와 문학에 대한 내 생각은 세평 형식의 칼럼으로 빚어졌고 내 방식의 글쓰기가 된 셈이다. 그 글들을 통해 그동안 감사하게도 '문화 마이더스'라는 별명도 얻었다. '마이더스'는 손이 닿으면 황금으로 변하는 그리스신화에 등장하는 프리지아 왕의 이름인데 문화가 대세이고 대박이 되는 시대에 문화든 문학이든 계속된 발전에 대한 나의 열망이 독자들에게 어필되었던 것 같다. 문화 인식과 전개는 우리가 살아가는데 중요한 요소이기에 책장 넘기듯 일회성 독서로 지나치기엔 아쉬운 감이 있어서 주변의 권유로 이 책을 집필하게 되었다. 책 제목을 『'문학'이라는 마법으로』로 달았던 이유는 문화와 문학 모두 상상력의 산물이기에 마법처럼 문학과 문화가 날개를 달고 훨훨 날기를 바라는 내 의도의 표현이었다. 그러면서 이 책이 많은 분들께 공감되기를 감히 소망하였던 것이다.

감히 말하건대 위 문장의 내용에 나의 문학에 대한 견해가 거의 담겨있다고 봐야 한다. 나는 문학을 직업으로 하리라고는 생각해 본 적이 없었고 더군다나 광주문협을 맡을 거라고는 거의 생각지 않았다.

Ⅱ. 문학적 열정과 소양은 어디서 만들어졌는가?

그렇다면 문학에 대한 열정과 소양이 어디서 만들어졌을까. 지금 생각해보니 국민학교(지금은 초등학교) 때 우연히 접한 만화책 읽기에서 일단의 재능이 길러진 것이 아닌가 싶다. 만화방에서 빌려다 읽는 만화책이 왜 그리 재미있었을까. 그때 엄격하고 고지식한 아버지는 공부는 안 하고 만화책만 읽는 나를 두고 무지하게 화를 내셨다. 그런 건 모두가 '거짓말'인데 읽어서는 안 된다는 것이 아버님의 생각이셨다. 그때 아버님이 보여주셨던 질책의 의미를 나는 지금도 이해하지 못한다. 시련과 굴곡의 세상을 살아오면서 '거짓말' 같은 것은 현실하고는 아무 도움도 안 되는 '씨알데(쓸데) 없는' 책 읽기에 뭐 하러 시간을 허비하냐는 생각이셨던 것 같다. 그러나 나는 아버지의 나무람과는 달리 만화와 만나는 시간이 너무너무 재미있었다. 그때 나는 아버지에게 들키지 않으려고 불빛을 가리고 만화책을 몰래 보는 일도 있었다. 만화에 자꾸만 끌리는 걸 어떡하나. 그 만화 읽기가 고등학교 1학년 때까지 이어졌으니 그 틀을 너무 오래 벗어나지 못했었다. 고1 때 만화방에서 책을 보다가 둘러보니 나만 댕그랗게 큰 덩치였고 둘레에는 꼬맹이들만 앉아서 열심이었다. 화들짝 놀란 맘에 부끄러움을 느꼈으나 내 수준이 이 꼬맹이들과 동일하여 만화책을 보고 있다는 것 자체가 정말 부끄러웠음을 고백한다. 고교 시절은 사춘기적 변화가 자심한 기간이다. 나 또한 정상적인 고교 시절을 보내지 못했다. 그런 관계로 정상수업을 받지 못했고, 윌리엄 워즈워드의 수선화에서 읽은 '언덕과 골짜기에서 떠도는 구름처럼 외롭게 헤매'던 시절이었다. 그저 나를 감아 오른 막연한 반항과 방황의 세월이었다. 나는 정신이 들어 부랴부랴 나 홀로 다른 학교로 전학을 갔으니 지금 생각해도 아찔한 맘만 여전하다. 그런 과정에서 수학이나 화학 같은 이공과목을 정상적으로 공부하지 않아서 이해 불능의 영역으로 남았으나 국어나 영어 같은 경우는 꽤나 앞선 상태에서 이해할 수 있었다. 영어는 중학교 때 학습한 정도로만 하면 되는 것이었고 국어는 마냥 재미있었다. 그때 나이 든 국어 선생님은 어린 나를 데리고 학교 옆 허름한 주막집에서 막걸리를 즐기기도 하셨다. 지금은 그 선생님 성함도 가물거리지만 현장 교육(?)으로는 존경할 만한 은사님이셨다. 그 선생님이 문학 이야기도 인생 이야기도 많이 들려주셨던 것 같다. 그러면서 '인석이는 나중에 크게 될 놈이다.'라고 격려해주셨던 말씀도 추억처럼 달콤하게 남아있다.

그 무렵에 독서력이 작동했던지 김동인의 『운현궁의 봄』, 유주현의 『대원군』 등이 감동의 쓰나미로 다가왔고 정비석의 『삼국지』가 그리도 재미있을 수가 없었다. 나에게 최고의 선물은 「한국대표단편소설전집」이었다. 그걸 읽다 보니 그때까지 막연했던 작가들이 하나둘 보이기 시작했다. 이광수, 김유정, 최만식, 이효석, 염상섭, 이상, 나도향, 현진건, 김동인 등등의 작가가 가까이 다가오기 시작한 것이다. 그러다 보니 자연 만화는 멀리 갔고 이제는 만화 따위는 트럭으로 갖다 주어도 눈도 주지 않을 것 같았다. 학교에서 가르쳐주지 않은 여러 세계를 이들 단편소설에서 접할 수 있었던 것이다.

Ⅲ. 소설에 대한 관심

이런 소설류에 바짝 다가갔기에 그만큼 흥미도 컸었고 그것이 원인이 되어 훗날에 다가가려던 시에의 접근이 제한되지 않았을까 싶다. 여기에다 어느 누구도 나에게 시를 가르쳐 주거나 접근할 계기를 마련해주지 않았었다. 문학의 본질은 시 창작이 우선임에도 나의 경우는 그러지를 못했다. 그러다가 찾아든 곳이 사범대학 영어교육과였는데 그때는 대학을 마칠 무렵에 졸업논문이라는 것을 작성하여 제출했었다. 전공영역은 크게 나누어 문학과 어학을 구분하는 일이었는데 나는 당연히 문학 쪽을 택했었다. 그 당시 내 생각은 어학은 인문학이라기보다는 과학이라고 할 수도 있어서 딱딱하고 흥미가 없었다. 그때 졸업논문이 영국 소설가 『채털리 부인의 사랑』으로 유명한 D.H 로렌스의 단편 「The man who died」를 다루었다. 논문이라고는 하지만 주로 베끼는 수준이었는데 그래도 그 기틀이 나를 글 쓰게 하는 데 도움이 되었었고 후일 본격 논문을 쓰는 데도 유용했다고 생각된다. 4학년 때 최용재 지도교수님의 문학 세미나 과정에서 내 콩트가 두 번이나 'very excellent'로 평가를 받고 급우들에게 읽어 주었던 것도 고교시절에 소설작품들을 재미있게 읽은 것이 기본이 되지 않았나 싶다. 나는 글을 쓰지 않는 허송세월만의 생활 중에도 은사님의 권유 말씀을 가끔씩 떠올렸고 그걸 지키지 못했다는 생각이 잠재되었던지 후일 은

사님을 뵙는 자리에도 저어하는 마음이 일곤 했었다. 지금에 와서 이런 말을 하면 무슨 소용이리오마는 한편으론 부끄럽기도 하고 후회스럽기도 하다. 한 번 뿐인 인생인데 나는 왜 더 진지해야 할 일에 그러지를 못했을까 하고. 여기에다 더하여 후회되는 일로 고전독서에 대한 아쉬움이다. 대학에 재학하던 젊은 시절에는 우리가 익히 아는 '고전'을 많이 읽어야 했었다. 동서양을 망라하는 '고전' 작품들을 여기에 망라할 수는 없지만 그래도 필독해야 할 고전을 읽었을 때 제대로 된 공부라고 할 수 있다. 나에게는 대학 시절에도 시적 독서는 많이 부족했고 현대판 단편소설 위주로 내 흥미가 꽂혀 있었던 것이다. 이청준, 황석영, 김승옥, 조세희 등등이 그들이었다. 그 중에서 나를 유독 사로잡았던 작가는 최인호 소설가였다. 조선일보에 연재되는 「별들의 고향」을 소리 내어도 읽었었고 주인공이 술을 마시면 나도 그러한 방식으로 술을 마셨었다. 재미있게 읽고 또 읽었지만 지금 생각하면 그때 젊은 시절에는 더 많은 '고전'을 읽어야 했었다는 아쉬움이 지금껏 남아있다. 대학시절 문학으로 교류가 된 작가 김준태 시인, 설재록 소설가, 손동연 동시작가가 생각난다.

한편으로 생각해보면 젊은 시절에는 웬만한 사람이라면 문학에 빠지는 시기이다. 그럼에도 그러지를 못하고 대개가 문학과는 떨어진 사회생활로 바쁜 일상을 살아가게 된다. 문학에 빠진 연장선상에서 계속 자신의 생활이 이어질 수 있다면 이 또한 행복이 아니겠는가. 작가의 대열에서 더 큰 작가의 의식으로 살아가는 게 대단한 행복 조건이기도 하다. 내가 인식한 글을 인용하자면,

(중략)

이 관점에서 현대의 선비인 작가는 작가정신, 즉 선비정신을 구현하는데 망설임이 없어야 할 것이다. 즉 작가로서의 특권과 함께 그에 맞는 미션이 있어

야 한다고 생각하는 것이다. 개인적인 인간탐구나 글쓰기의 예술 행위가 단순히 활자화된 자기만족을 위한 행위가 아닌 독자와 이웃 더 크게는 국민과 인류에게 어떤 역할을 하고 있는가를 끊임없이 자문해야 할 것이다. 과연 나는 작가로서 인간의 정서를 고양시키는 어떤 미션이 있는가를 끊임없이 스스로에게 물어보자는 말이다. 내 고통만 지고 가는 소인적 차원의 작가가 아니라 십자가를 지고 골고다 언덕을 올라가는 거룩한 인류애를 발휘하는 대인적 작가 활동을 지향해야 한다고 하면 작가에게 너무 큰 주문일 것인가.

"어려운 일은 쉬운 데서 도모하고 큰일은 작은 일에서부터 시작하나니 세상의 어려운 일은 반드시 쉬운 데서 일어나고 천하의 큰일은 반드시 작은 것에서 일어나는 법, 지혜로운 사람은 끝내 큰 것을 꾀하지 않으므로 큰 것을 이룰 수 있다"라는 노자의 말을 인용해본다. 붓다, 예수, 공자 같은 성인도 그들이 나무를 베고 물을 긷고 사람을 만나는 일상의 길 위에서 '도'를 펼쳤다.

작가로서 가져야 할 의무로 우리가 사는 지역에서 진지한 고민을 나누어야 한다는 생각이다. 우리 문학인의 자존심과 의무감이 오랜 시간 은근하게 층층이 발효되어 완성될 문학 마당에서 작가들의 자존심과 의무가 어떻게 드러날지 기대와 함께 기다려진다. 참으로 어려운 이 시기에 우리 문학인들이 작가정신으로 서로 좋아하고 아껴주고 이해해주는 '노블레스 오블리주'를 발휘하여 세상의 빛과 소금이 되었으면 한다.

Ⅳ. 문학이란 무엇일까

문학이란 무엇일까. 문학은 인간을 탐구하는 작업이다. 요컨대 서정을 담은 문장으로 표현한 인간탐구인 것이다. 인간의 본질을 찾고자 하는 쾌감예술이 문학인 것도 숨길 수 없다. 문학이 원래는 광범위한 의미를 지닌 문자 행위였으나 오늘날은 단순히 순수문학만을 가리키는 방향으로 좁혀져 있다. 음악, 그림, 무용 등의 예술과 구별해야 하고, 종류별로는 시 · 소설 · 희곡 · 수필 · 평론 · 르포르타주 등을 가리키는 일에서도 이같이 정착된 것이다. 원시시대에는 음악이나 무용과 한집 식구였던 노래가 시로 발전되었고, 시가 문자로 기록된 것이 문학이라고 한다면 유럽에서 말하는 가장 오래된 문학은 호메로스의 서사시로 모아진다. 이것은 또한 그리스 비극과 더불어 신화를 모체로 하여 탄생하였던 것이다. 나는 대학원에서 영문학을 전공하였다. 나의 畏友인 시인이자, 문학 교수이자, 서예가이자, 화가인 김종 교수의 영향이 절대적으로 컸다. 나 같은 사람이 도랑물이라면 김 교수는 거대한 강물로 흘러왔다는 생각도 한다. 내가 영문학을 전공하면서 석사과정에서는 소설보다는 20세기 최고의 시인인 T.S엘리어트를 연구과제로 택했다. T.S엘리어트는 작품을 여러 차례 읽어도 얼른 들어오지 않는 난해하면서도 신비한 시인이었다. 어디서 시작하여 어디서 끝나는지조차 가닥 치기가 어려운 시인이었다.

문학 연구에서 소설가보다는 시인을 택하게 된 데에는 김종 시인의 영향이 컸음은 앞서 언급한 대로이고 그때 생각에 엘리어트를 읽어야 유럽 문학의 전체적 흐름이 파악될 것 같았고 거기에 일찍이 독서했던 그리스신화에의 접근도 한몫거든 것도 사실이다. 석사논문 제목이 「T.S엘리어트 시의 상황 비극성」이었는데 그 대표작 The Waste Land는 소생 가능한 시대의 상황을 개인의 절망으로 연결하여 엘리어트의 종교 내지는 신화에 대해서 무섭도록 충격적인 부분을 그의 재능으로 펼쳐 보인 것이다. 그러한 시대적 불모성이 절실하게 표현된 것이 The Waste Land이다. 이런 개념으로 논리를 전개하던 것이 지금껏 새롭다. 이와 때를 맞춰 광주대 영문과 교수에 채용되었고 영문학 커리큘럼에서 영시와 영문학사 등 중심적인 과목을 가르쳤다. 한편으로 대학원 박사 과정에 진학해서도 T.S엘리어트를 연구과제로 끌어냈고 더더욱 심도를 더해 갔다. 그 과정에 가기까지 단편적으로 발표했던 몇 편의 논문으로 「T.S 엘리어트에 있어서 전통론」, 「T.S 엘리어트 관념 세계의 철학적 접근」, 「신화의 문학적 재현」 등등을 기계의 부품처럼 학위논문에 참여시켜 제목으로 「The Waste Land에 나타난 신화적 주제연구」로 잡게 되었다. 그리고는 본격적인 T.S 엘리어트 연구에 매달리기로 한 것이다. 고도의 지성적 시인 TS 엘리어트의 문학세계는 이해하기 힘든 난해함과 웅장함과 신화적 수수께끼를 한자리에 모아서 풀어가는 일련의 과정이었다. 그는 자신의 시의 밑바닥에 신화를 깔고 여기에 나름의 틀을 더하여 그만의 독자적인 세계를 구축하고 있었다. 이러한 신화적 틀을 통하여 그의 시는 주제 면에서는 가장 전통적이면서도 '시의 모방'에 있어서는 비전통적이라는 특성적 세계를 함께 연구하는 일이었다. 엘리어트 시에는 현대세계가 과거의 문화적 유산인 신화와 상징의 틀 속에 깊숙이 잠겨있는 정신적 실재를 외면하기에 정서 생활이 위축되고 메마르게 된 상황을 황무지라는 독자적 이미지로 표현한 것이다. 그때 논문을 지도해주셨던 강정석, 오문길, 오인철 교수님에게 지금도 감사의 마음이 있다. 그러고도 박홍원 교수, 범대순 교수, 문병란 교수, 정철인 교수님 등에게 많은 가르침을 받았다.

이쯤 해두고 대학에서 나는 영시와 영문학사를 강의하면서 영시는 개론부터 가르쳤지만, 왠지 강의하는 나 자신부터가 전율처럼 다가온 감동이 있었다. 가르치는 내가 취해야 학생들도 취한다는 생각 밑에 이론과 실제를 겸한 강의는 교학상장의 효과가 있었다고 자부한다. 영문학사는 원래 고대의 '베어울프'에서 시작하여 중세문학, 르네상스 시대 문학, 신고 전주의 문학, 낭만주의 시대로 문학사의 흐름이 이어지는데 이를 가르치면서 그렇게 신날 수가 없었다. 만화책을 즐겼던 내 어린 날의 역사가 어느새 나 자신을 외국 문학을 가르치는 이야기꾼으로 변해버린 것이다. 가르치는 일이 나 자신에게 이처럼 재미있었으니 학생도 비례하여 동일한 재미가 붙지 않았을까 싶다.

Ⅴ. 문학계로의 입문과 나아갈 길

1992년 광주대 영문학 교수로 재직할 때《수필과 비평》으로 등단하였고 출신들로 구성된 '수비문학회'에서 초대 회장을 역임하였다. 영문학사에서는 영시를 가르쳤으나 문단 진출은 수필로 방향을 잡은 것이다. 시는 나에게 어려웠고 그럼에도 영미의 대시인들을 접하다 보니 오히려 시작품의 이해가 넓어졌고 여러 시인들과 어울리는 바탕이 마련된 것이 아닌가 싶다. 그리고 다음 해에는 《문학춘추》에서 또 한 번의 등단 거쳐 광주문협, 전남문협, 한국문협 등을 동시에 가입하였다. 광주대 교수시절 조태일 교수와 신덕룡 평론가와 통음하면서 나누었던 대화가 지금도 귓전에 살아있다. 줄기차게 글쓰기를 해볼까 하는 찰나에 대학을 떠나는 일이 생겼고 사회적 활동으로 문학세계와 멀어진 시간이 되어버렸다. 광주광역시교육위원 겸 부의장, 한국폴리텍대학 학장 2회 등등의 사회활동을 하였으나 결국 남은 것은 허상일 뿐 진짜는 문학에 있다는 생각을 지금도 가끔씩 반추하곤 한다. 그만큼 문학은 인생 후반기를 채우는 보람 있는 시간을 제공하는 것으로 생각한다. 이제부터라도 간헐적인 문화 활동 혹은 문학 활동을 결심하지만, 얼마만큼의 성과를 얻을지는 미지수다. 《예술광주》 편집주간이라든가, (사)스텔라포에마 토요시낭송회 이사장이라든가, 주간 《광주문화21》 발행인이라든가, 국제PEN광주지역위원회 운영위원장 등을 거치면서 나는 나 자신이 생각해도 문학이나 문화운동의 실천자에 가깝지, 창작자와는 거리가 느껴진다. 그러나 뭘 하든 무슨 상관인가. 문학창작이든 문화운동이든 나 자신에게 더 적합한 것이 있으면 그 방향에서 헌신하는 것도 보람을 만들어가는 좋은 일이 아니겠는가. 문학으로 교류되었던 최일환 시인, 주동후 소설가, 경철 시인, 김두원 시조시인은 이미 저세상으로 가시어 항상 아쉽고 지금도 왕성한 활동을 하고 계시는 손광은 시인, 오명규 시인, 전원범 교수, 박형철 시인, 함수남 희곡가, 오덕렬 수필가, 강만 시인, 노창수 시인과 최근에 가까워진 황하택 문학메카 이사장, 임원식 예총회장님과 좋은 인연을 밝혀둔다.

나의 에세이집 『글쓰기와 역사의식』의 일부를 인용하면서 글을 마칠까 한다.

요즘 나의 일상은 글 쓰는 사람들을 만나는 일이

생활화되어 있다. 지금의 직책으로 작가들과 교류, 교감하면서 그들을 도와야 할 일이 무엇인가를 찾게 된다. 여러 예술 장르가 인간과 어울려 공존하지만, 문학은 그중에서도 중심장르라는 생각이다. 문학은 세상을 밝히는 촛불이고 새로운 시대를 예언하면서 끊임없이 인간을 탐구하는 작업이기도 하다. 음악, 국악, 연극, 영화, 무용에도 글로 된 대본이 있어야 하고 건축, 미술, 사진 등도 새로운 것을 추구한다는 점에서 또 다른 형태의 시라고 할 수 있어 문학이 그들에게 상상의 근간을 제공한다는 점에서 글 쓰는 일은 대단하다고 할만하다. 이처럼 문학의 역할이 창작이라는 분야에서 엄청나다는 점을 생각하면 나 자신의 역할에 나도 모르게 숙연해질 때가 있다. 즉 문학은 별 뜻 없이 지껄이는 객설 따위와는 구별돼야 한다는 얘기다.

이리 보면 대한민국에서 글쓰기는 전방위적으로 그 뿌리가 튼실해야 할 것이다. 거기에 역사의식 또한 필요 덕목으로 갖추어야 할 것이다. 역사를 모르는 작가가 감각적으로만 독자에게 접근한다면 어찌 될까. 인물이 많이 배출되는 학교는 교훈의 영향이 일조한다. 가훈도 그렇다. 지도자는 우연히 길러지는 게 아니라 그 집안의 가훈의 영향을 받는 사례를 많이 보았다. 흥망성쇠의 관건 또한 그렇다. 개인의 훌륭한 성장의 이면에는 그 사람을 움직인 좌우명이 있다. 요컨대 채송화 씨를 뿌리면 채송화가 피고 나팔꽃 씨를 뿌리면 나팔꽃이 피는 이치이다.

지금 우리 시대의 대한민국의 가치는 무엇인가. 국훈이라고 하기는 그렇고 국민적 가치를 이념화한다면 국시는 과연 있는가. 이는 대단히 중요한 문제이다. 10월이 되면 '개천절'이 있고 '한글날'이 있다. 1년 중 국경일에 '광복절', '삼일절', '제헌절'이 있고 이들 3개의 경축일은 근대 역사에서 발생한 일이지만 개천절과 한글날은 대한민국의 근본적 가치에 그 뿌리가 닿아 있다. 그리 보면 개천절이 국민적, 국가적 행사가 되어야 함은 당연하다. 단군이 없는 대한민국을 생각해보라. 우리는 외국 여행을 갈 때마다 그 나라들이 그들만의 역사를 내세우고 자랑하는 것을 보아왔다. 구체적인 예를 들지 않더라도 거의 모든 나라가 그렇고 선진국은 더더욱 그 같은 모습을 보인다.

혹자는 우리의 역사를 삼국시대부터 말하는데 그렇다면 우리는 겨우 1700년쯤의 역사에 그친 나라란 말인가. 이 정도의 세월은 중국, 일본, 영국, 이탈리아, 프랑스 등에 비해 턱없이 일천하고 각 곳에서 발굴되는 역사유적과도 맞지 않는다. 함경북도 웅기 굴포리, 평안남도 덕천 승리산, 제주도 빌레못 동굴 등에서 새로운 구석기가 사용되기 시작했다. 몸돌을 가공해 쓰던 이전 방식에서 벗어나 준비된 몸돌에서 한 겹 한 겹 돌조각(격지)을 떼어 내 그 돌조각들을 다듬어 쓰게 된 것이다. 이에 따라 긁개, 자르개 등 용도에 따라 사용되는 작은 석기들이 만들어졌다.

‘르발루아 공작’으로 알려진 이 기법을 사용하던 시대를 ‘중기 구석기 시대’라 한다. 그것은 서기전 10만 년경이다.

최근 민족사서인『환단고기』의 연구가 활발해지고 있다. 이 책은 단군조선이 상세히 기록되어 국사책에서 가볍게 취급한 문제들을 한눈에 살필 수 있다. 요컨대『삼국유사』와『삼국사기』등의 사서에서는 접할 수 없는 항목들인 것이다. 그뿐이 아니다. ‘홍익인간’의 이념이 우리 민족의 자존감이며 뿌리인데도 그 설명이 턱없이 부족하다. 어느 역사 단체의 행사에서 태극기나 선열에 대한 의식은 있는데 애국가는 부르지 않는 일까지 있었다고 한다. 우리의 태극기는 시비가 없다. 애국가는 듣기에 따라 기분이 나쁘다. 가사도 그렇고 동기에서 논란이 많기 때문이다. 꺼림칙한 국가를 기분 좋게 부를 리가 없다.

태극기와 단군조선에서 민족의 동질성이나 정체성을 찾아야 한다. 영문학을 공부해 본 필자는 이제는 우리도 국민적 영웅서사시가 활발하게 창작되어야 한다고 생각한다. 그리스 호메로스의 『일리아드』, 『오디세이야』가 그 거대한 서양 문학을 떠받치고 있다. 2200년을 지속한 로마는 건국 신화로서 베르길리우스의 『아이네아스』가 있어 강성한 제국의 길을 열었다. 고대의 영웅서사시 『베오울프』 또한 영국 문학의 맥을 만들고 셰익스피어라는 미증유의 작가를 탄생시켰다.

다시 국경일로 돌아오자. 우리나라의 하늘을 열었다는 개천절은 우리가 천손天孫임을 깨우치게 하는 우리 민족 최대의 국경일이다. 국경일 중에 이만큼 자부심 넘치는 경축일이 또 있는가. 다른 나라에서 우리를 비하할 수는 있어도 우리가 스스로를 비하하는 일은 참을 수 없는 일이다. 한글날은 또 어떤가. 한글이 없는 대한민국을 상상해보라. 5000년 동안 써왔던 우리말은 사라지고 문화국가의 국격도 존속할 수 있을까. 한글이 없었다면 지금 우리의 문화를 이만큼 향유하는 것은 불가능한 일이다. 이도 저도 떠나 우리의 영혼마저 사라질 뻔했었다. 문자가 없이는 큰 나라의 역사에 복속되는 것은 상식이다. 한글날은 민족 자긍심의 문제로 국가적으로 대대적인 행사가 기획되어야 한다.

언어의 힘은 국민 창의성의 바탕을 이룬다. 국민 창의성은 국가의 경쟁력이며 경제 선진국으로 가는 길라잡이가 된다. 한글이 발전하고 세계화될 때 역사의식은 한결 덩실해질 것이다. 한글을 잘 부리는 작가들이 대한민국의 시대를 만들어가야 한다. 작가는 끊임없이 역사를 묻고 답하기 때문이다.